Die Outcome-Impact-Methode

Peter Eichhorn

Die Outcome-Impact-Methode

Womit man rechnen muss

Peter Eichhorn
Speyer, Deutschland

ISBN 978-3-658-35140-3   ISBN 978-3-658-35141-0   (eBook)
https://doi.org/10.1007/978-3-658-35141-0

Die Deutsche Nationalbibliothek verzeichnet diese Publikation in der Deutschen Nationalbibliografie; detaillierte bibliografische Daten sind im Internet über http:// dnb.d-nb.de abrufbar.

Planung/Lektorat: Carina Reibold
Springer Gabler ist ein Imprint der eingetragenen Gesellschaft Springer Fachmedien Wiesbaden GmbH und ist ein Teil von Springer Nature.
Die Anschrift der Gesellschaft ist: Abraham-Lincoln-Str. 46, 65189 Wiesbaden, Germany

Vorwort

In den vergangenen Jahren hat sich in den Natur- und Geisteswissenschaften Zukunftsforschung etabliert. Aufmerksamkeit erheischen heutzutage besonders Umweltepidemiologen[1], wenn sie den Ausstoß von Schadstoffen und anderen Umweltbelastungen für zigtausend jährliche Krankheiten und Todesfälle verantwortlich machen. Namhafte Institutionen wie die Weltgesundheitsorganisation WHO, die Europäische Umweltagentur EEA und aus- und inländische Universitäten und Forschungsinstitute liefern erschreckende Zahlen und Zusammenhänge. Die unterschiedlichen Risikofaktoren werden von Gesundheits-, Naturschutz- und Umweltverbänden aufgegriffen und in der Öffentlichkeit an den Pranger gestellt.

---

[1]Zur leichteren Lesbarkeit wird bei Personenbezeichnungen in der Regel die männliche Form verwendet. Diese Bezeichnungen umfassen sowohl männliche als auch weibliche Personen.

Im Brennpunkt steht die Ökologie, die sich aus der Biologie entfaltete und sich inzwischen als Biowissenschaft der Gesamtumweltsituation verschrieben hat. Dort werden die Bedrohungen erforscht, die man vor allem durch Raubbau, Schadstoffe, Artensterben, Waldschäden, Meeresverschmutzung und Klimawandel erwartet.

Der Zukunftsforschung widmen sich auch die Wirtschaftswissenschaften. Volkswirte fragen beispielsweise nach gesamtwirtschaftlichen Wachstums- und Wohlstandsoptionen und bemühen Empirie, Theorien und Wirtschaftspolitik. Im Unterschied zu dieser „Vogelperspektive" nimmt das vorliegende Buch eine „Froschperspektive" ein und sucht Antworten vom Standpunkt von Bürgern und Unternehmen aus.

Man versetze sich in die Lage eines Industriebetriebes, zum Beispiel eines Herstellers von Fahrrädern. Er entwickelt ein Geschäftsmodell, stellt die Finanzierung sicher, beschäftigt Mitarbeiter, errichtet Gebäude, stattet sie mit Maschinen, Werkzeugen und Mobiliar aus, kauft Roh-, Hilfs- und Betriebsstoffe samt elektronischem und anderweitigem Radzubehör ein, fertigt Fahrräder und verkauft sie an Händler. Außer Kosten für Investitionen, Personal, Dienstleistungen Dritter (für Patente, behördliche Genehmigungen, Zulieferdienste, Rechts- und Steuerberatung, Buchführung und Jahresabschlussprüfungen) und Umsatzerlösen, die über Markt- und Zahlungsvorgänge abgewickelt werden, haben Mitteleinsatz (Input) und Produkt (Output) sog. externe Effekte zur Folge. Sie erschließen sich erst bei genauerer Betrachtung als Auswirkungen (Outcome) und Einwirkungen (Impact) über die Markt- und Zahlungsvorgänge hinaus. Positiv schlagen sich diese externen Wirkungen im Alltag der Menschen und in Stadt und Land nieder. Die Produktnutzung erhöht die Mobilität, fördert Bewegung, Sport und

Erholung, spart umweltbelastenden Energieverbrauch und hilft Unfälle zu verringern. Verborgene negative externe Effekte bestehen aber darin, dass für die Produktion beispielsweise nicht erneuerbare Ressourcen verwendet werden oder Arbeitnehmer im In- oder Ausland keinen angemessenen Lohn erhalten. Die Herstellung der Fahrräder ist vielleicht auch mit Emissionen verbunden, die die Belegschaft, Nachbarschaft, die weitere Lebenswelt und die Natur gefährden.

Die Outcome-Impact-Methode sucht solche Aus- und Einwirkungen zu analysieren. Der zur Sprache kommende Ansatz basiert nicht auf mathematischen Berechnungen, statistischen Erhebungen oder ökonometrischen Modellen. Hier sollen Eigenschaften externer Effekte im Vordergrund stehen. Wirkungen also, die weder auf Marktpreisen noch auf öffentlichen Abgaben beruhen, aber dennoch bewusst oder versteckt eintreten und mit denen gerechnet werden muss.

Januar 2022   Peter Eichhorn

Inhaltsverzeichnis

1

Einführung zum Gedanken des Buches

Der vorliegende Text ist theoretisch gestützt und auf Anwendung bedacht. Er geht von den im wirtschafts- und sozialwissenschaftlichen Schrifttum und in der Unternehmens-, Gesellschafts- und Staatspraxis diskutierten sog. externen Effekten aus. Bei ihnen handelt es sich um positive oder negative Auswirkungen (Outcome) und Einwirkungen (Impact) jenseits von Markt- und Zahlungsvorgängen. Exemplarisch stehen für Outcome (positiv) Bedürfnisbefriedigung und (negativ) Schadstoffausstoß, für Impact (positiv) Zufriedenheit und (negativ) Gesundheitsgefährdung.

Zu den ersten namhaften Publikationen, die sich dieser Thematik widmen, zählen *The Social Costs of Private Enterprise* von K. William Kapp (1950) und *Volkswirtschaftliche Investitionskriterien für Gemeindeunternehmen* von Peter Friedrich (1969). Gewiss finden sich noch frühere Werke, die auf einzelne umweltunverträgliche Vorgänge menschlichen Handelns hinweisen. Die beiden

© Der/die Autor(en), exklusiv lizenziert durch Springer
Fachmedien Wiesbaden GmbH, ein Teil von Springer Nature 2022
P. Eichhorn, *Die Outcome-Impact-Methode*,
https://doi.org/10.1007/978-3-658-35141-0_1

genannten Autoren befassen sich grundlegend (Kapp empirisch-pragmatisch in politisch-ökonomischen, Friedrich hypothetisch-prognostisch in kommunalwirtschaftlichen Bereichen) mit externen Kosten und Nutzen.

Grundlagenliteratur zu externen Effekten

Kapp, K. William (1950): *The Social Costs of Private Enterprise*. Harvard University Press. Boston. deutsche Ausgabe 1958: *Volkswirtschaftliche Kosten der Privatwirtschaft*, in: Hand- und Lehrbücher aus dem Gebiet der Sozialwissenschaften, hrsg. von Edgar Salin, Günter Schmölders und Arthur Spiethoff, Tübingen und Zürich.

Friedrich, Peter (1969): *Volkswirtschaftliche Investitionskriterien für Gemeindeunternehmen,* in: Schriften zur angewandten Wirtschaftsforschung, hrsg. von Walther G. Hoffmann, Band 22, Tübingen.

Die Zahl der Veröffentlichungen ist seit dem letzten Drittel des 20. Jahrhunderts stark angestiegen. Ungezählte Einzelschriften, Beiträge in Sammelwerken und Aufsätze in Fachzeitschriften erschienen im In- und Ausland, meist deutsch-, englisch- und französischsprachig, zu schädlichen Aspekten von Emissionen, Immissionen, Erosionen, Korrosionen, Umweltgiften, Elektrosmog, Ressourcenverbrauch, Raubbau, Waldsterben und Klimaverschlechterung.

Veröffentlicht wurden aber auch in großer Zahl und mit ergiebigen Vorschlägen nutzenorientierte und wohlfahrtsökonomische Texte über Naturpflege, Landgewinnung, Kreislaufwirtschaft, Verschmutzungslizenzen, erneuerbare Energien, Maßnahmen zur Klimaverbesserung usw.

Im Vordergrund stehen infrastrukturelle (z. B. Effekte von Staudämmen, Wasserverlaufkorrekturen, Verkehrsprojekten und staatlicher Sicherheit), betriebliche (z. B. Effekte von Beschaffung, Transport, Lagerhaltung,

Fertigung, Verwaltung und Marketing) und methodo-
logische Fragen (z. B. Planungsfristen, Risikoanalysen,
Diskontraten, Wirkungsinterdependenzen und Zahlungs-
bereitschaften).

Vom Verfasser selbst stammt eine Reihe von
Abhandlungen über Umweltschutz aus Sicht der Unternehmenspolitik, Wirkungsanalysen staatlicher Verwaltungs-
maßnahmen und über Erweiterungen des kaufmännischen
Rechnungswesens um gesellschafts- und umweltbezogene
Unternehmensrechnungen. Diese bilden die Basis für das
vorliegende Werk, das deren inhaltliche Fäden zusammenführt. Sie sind alle in der Bibliographie am Ende dieses
einführenden Kapitels chronologisch aufeinander auf-
bauend aufgeführt.

Aktuell dominieren in der einschlägigen Literatur
Erörterungen über eine geforderte Nachhaltigkeit staatlicher und industrieller Tätigkeiten. Thematisiert werden
insbesondere Missstände beim Energie- und Wasserver-
brauch, bei der Kontaminierung des Bodens, bei der
Luftverunreinigung durch klimaschädliches Kohlendioxid und bei sozialpolitisch brisanten Lieferketten. Kritik
ruft eine vielfach fehlende nachhaltige Unternehmens-
führung von Konzernen hervor. Dank einer Initiative
der EU-Kommission sollen größere Unternehmen
gezwungen werden, detailliert über Umwelt- und Sozial-
folgen ihres Handelns zu berichten. Politischen Druck
erzeugen einerseits staatliche Ge- und Verbote, andererseits
marktwirtschaftliche Lösungen in Form von Appellen,
Forderungen und Verhaltensoptionen (z. B. der Handel
mit Umweltzertifikaten).

Um Nachhaltigkeit in allen Bereichen menschlichen
Tuns zu erzielen, genügt es nicht, nur auf technologische
Neuerungen zu bauen, beispielsweise effiziente Treibstoffe
einzusetzen, also Fliegen zu dekarbonisieren, synthetisches
Kersosin zu verwenden und die Wasserstofftechnologie

zu entwickeln. Man muss Input und Output auch aus ethischer Warte beurteilen, damit Outcome und Impact auf Dauer individuellen und kollektiven Nutzen stiften. Hierzu will das Buch anregen, das auf Grundlage der genannten Publikationen entstanden ist und deren Essenz zusammenführt.

Publikationen des Verfassers

Eichhorn, Peter und Friedrich, Peter (1970): *Untersuchung über den Nutzen kommunaler Wirtschaftsförderungsmaßnahmen,* Untersuchungen über das Spar-, Giro-und Kreditwesen an der Universität Bonn, hrsg. von Fritz Voigt, Band 49, Berlin.

Eichhorn, Peter (1972): *Grundsätzliche Bemerkungen zur Nutzen-Kosten-Analyse,* WIBERA-Sonderdruck, Nr. 34, Düsseldorf.

Eichhorn, Peter (1972): *Umweltschutz aus Sicht der Unternehmenspolitik,* in: Zeitschrift für betriebswirtschaftliche Forschung, 24. Jg., Heft 10, S. 633–649.

Eichhorn, Peter (1974): *Grundlagen einer gemeinwirtschaftlichen Erfolgsrechnung für Unternehmen,* Schriftenreihe für Gemeinwirtschaft, hrsg. von der Bank für Gemeinwirtschaft, Band 15, Frankfurt a. M..

Eichhorn, Peter (1974): *Gesellschaftsbezogene Unternehmensrechnung,* Schriften der Kommission für wirtschaftlichen und sozialen Wandel, Band 30, Göttingen.

Eichhorn, Peter (1974): *Wirtschaftlichkeitsrechnungen für private und öffentliche Investitionen,* in: WiSt – Wirtschaftswissenschaftliches Studium, 3. Jg., Heft 7, S. 319–324, und Heft 8, S. 364–370.

Eichhorn, Peter (1975): *Entwurf einer gesellschaftsbezogenen Erfolgsrechnung für öffentliche Unternehmen,* in: Die Unternehmung in ihrer gesellschaftlichen Umwelt, hrsg. von Peter Mertens, Wiesbaden S. 137–157.

Eichhorn, Peter (1975): *Gesellschaftsbezogene Rechnungslegung für öffentliche Unternehmen,* in: Gemeinwirtschaft, Zeitschrift für Führungskräfte in der Wirtschaft (Österreichs), 14. Jg., Nr. 7, S. 20–26.

Eichhorn, Peter und Siedentopf, Heinrich (1976): *Effizienzeffekte der Verwaltungsreform, Exemplarische Ansätze einer Wirkungsanalyse der territorialen und funktionalen Verwaltungsreform in Rheinland-Pfalz* (unter Mitarbeit von Bernd Adamaschek und Albrecht Graf von Ingelheim), Schriften zur öffentlichen Verwaltung und öffentlichen Wirtschaft, hrsg. von Peter Eichhorn und Peter Friedrich, Band 20, Baden-Baden.

Eichhorn, Peter (1976): *Gesellschaftsbezogene Unternehmensrechnung und betriebswirtschaftliche Sozialindikatoren,* in: Zeitschrift für betriebswirtschaftliche Forschung, 28. Jg., Sonderheft 5, S. 159–169.

Eichhorn, Peter (1977): *Effizienzanalyse kommunaler Wirtschaftsförderung,* Reihe Gutachten des Deutschen Instituts für Urbanistik, Berlin.

Eichhorn, Peter (1979): *Sozialbilanzen als Mittel der Öffentlichkeitsarbeit und der öffentlichen Kontrolle,* in: Jahrbuch der Absatz- und Verbrauchsforschung, 52. Jg., Heft 4, S. 293–303.

Eichhorn, Peter (1980): *Begriff der Effizienz und Probleme ihrer Messung in den Hochschulen,* in: Effizienz der Hochschulen, hrsg. von der Westdeutschen Rektorenkonferenz, Dokumente zur Hochschulreform, Band 37, Bonn-Bad Godesberg, S. 33–47.

Eichhorn, Peter (1981): *Arten gesellschaftsbezogener Unternehmensrechnung,* in: Gemeinwirtschaft, Zeitschrift für Führungskräfte in der Wirtschaft (Österreichs), 20. Jg., Heft 1/2, S. 5–9.

Eichhorn, Peter (1985): *Gesellschaftsbezogenes Rechnungswesen,* in: Verwaltungslexikon, 1. Aufl., hrsg. von Peter Eichhorn gemeinsam mit Carl Böhret, Hans-

Ulrich Derlien, Peter Friedrich, Albert von Mutius, Günter Püttner und Heinrich Reinermann, Baden-Baden, S. 120–123, 3. Aufl., hrsg. von Peter Eichhorn gemeinsam mit Peter Friedrich, Werner Jann, Walter A. Oechsler, Günter Püttner und Heinrich Reinermann, Baden-Baden 2003, S. 430–432.

Eichhorn, Peter und Buchholz, Werner (1987): *Nutzen-Kosten-Analyse für geförderte Modelleinrichtungen,* in: Landesprogramm zur Weiterentwicklung der außerstationären psychiatrischen Versorgung Baden-Württemberg – Analysen, Konzepte, Erfahrungen, hrsg. vom Zentralinstitut für Seelische Gesundheit Mannheim, Weinheim, S. 483–529.

Eichhorn, Peter (1987): *Kosten- und Nutzenaspekte in der Orthopädie,* in: Mitteilungsblatt der Deutschen Gesellschaft für Orthopädie und Traumatologie, 17. Jg., Heft 3, S. 23–30.

Eichhorn, Peter (1995): *Umweltrechnungen – Konzepte und Probleme,* in: Ökosoziale Marktwirtschaft – Ziele und Wege, hrsg. von Peter Eichhorn, Wiesbaden, S. 91–102.

Eichhorn, Peter (1996): *Umweltschutz als Unternehmensziel,* in: Ökologie und Marktwirtschaft – Probleme, Ursachen und Lösungen, hrsg. von Peter Eichhorn, Wiesbaden, S. 67–76.

Eichhorn, Peter (1996): *Entwurf für ein neues Faktorsystem,* in: Umweltorientierte Marktwirtschaft, hrsg. von Peter Eichhorn, Wiesbaden, S. 37–46.

Eichhorn, Peter (2000): *Das Prinzip Wirtschaftlichkeit,* Basiswissen der Betriebswirtschaftslehre, 1. Aufl., Wiesbaden, 4. Aufl. gemeinsam mit Joachim Merk, Wiesbaden 2016.

Eichhorn, Peter (2003): *Umweltbezogenes Rechnungswesen,* in: Verwaltungslexikon, 3. Aufl., hrsg. von Peter Eichhorn gemeinsam mit Peter Friedrich, Werner Jann,

Walter A. Oechsler, Günter Püttner und Heinrich Reinermann, Baden-Baden, S. 1062–1064.

Eichhorn, Peter (2005): *Wirkungsrechnungen als Erfolgs-
ausweis,* in: Beiträge zum Finanz-, Rechnungs- und Bank-
wesen, Stand und Perspektiven, hrsg. von Stefan Müller,
Thorsten Jöhnk und Andreas Bruns, Wiesbaden, S. 545–
556.

Eichhorn, Peter (2006): *Wirkungsrechnungen als Erfolgs-
ausweis für Umweltschutz,* in: Dokkyo International
Review, hrsg. vom Akademischen Auslandsamt der Universität Dokkyo (Japan), Band 19, Tokio, S. 93–109.

Eichhorn, Peter (2009): *Rahmenbedingungen und Basis-
methodik im Rahmen des Social Return on Investments
(SROI)-Ansatzes,* in: Social Profit – Sozial & Wirtschaftlich. Wirksam., hrsg. von der Treberhilfe Berlin gGmbH,
Berlin, S. 13 und 23–29.

Eichhorn, Peter (2011): *Outcomes- and Impact-
Based Accountability,* in: Accounting, Accountability
and Governance in the Public Sector, 9th International
Symposium on Public Sector Management, hrsg. von
Dorothea Greiling, Arie Halachmie und Reinbert Schauer,
Linz, S. 133–144.

Eichhorn, Peter and Towers, Ian (2018): *Principles of
Management – Efficiency and Effectiveness in the Private and
Public Sector,* Springer Texts in Business and Economics,
Heidelberg.

2

Quantität kreuzt sich mit Qualität

2.1 Ausgangspunkt sind Ziele

Zufriedenheit stellt sich ein, wenn Ziele erreicht werden.
Ziele sind erwünschte Zustände. Erstrebt werden beispielsweise Gesundheit, Reichtum, Sicherheit, Freiheit,
Frieden und weitere Ziele von überragender Bedeutung.
Etappenziele einzelner Personen fallen auch darunter wie
ein erlangter Ausbildungsplatz, ein bestandenes Abitur,
ein gewonnenes Stipendium, ein erfolgreicher Hoch-
schulabschluss, eine berufliche Anstellung, eine avisierte
Beförderung, eine durchgestandene Operation usw.

Zufriedenheit stellt sich ebenso ein, wenn andere
Menschen Ziele verfolgen und man selbst davon profitiert.
Kundenfreundliches Verhalten einer Verkäuferin, eine
polizeiliche Ausgangssperre (engl. lockdown) zur
Bekämpfung einer Seuchengefahr, die Gewährleistung
einer Handwerksarbeit oder ein pünktlich verkehrender
Zug lassen sich für eine offensichtliche Nutzenstiftung

anführen. Das trifft auch für politische, wirtschaftliche, soziale und kulturelle Ziele von großer Tragweite zu.

Anlässe für zufriedenstellende Handlungsweisen haften den Menschen an, sind seinen Interessen geschuldet oder rechtlich normiert. Sie erleichtern das Zusammenleben.

Es ist indessen schwierig herauszufinden, ob und inwieweit Menschen überhaupt zufrieden sind. Voraussetzungen (z. B. habe ich mich richtig vorbereitet?), Erwartungen (z. B. ist mein künftiger Chef gerecht?), Bedingungen (z. B. der Auftrag passt gut in meine Pläne) nehmen darauf Einfluss.

Außer von diesem Rahmen ist die Zufriedenheit abhängig von der Vielzahl und Vielfalt der angestrebten Ziele. Musterfall: Ein Urlauber sucht einen Ort als Ferienziel, zugleich will er schönes Wetter, günstiges Quartier, gute Verpflegung, angenehme Unterhaltung, sportliche Betätigung, niedrige Preise usw. Er unterscheidet Haupt- und Nebenziele, d. h. vor- und nachrangige Ziele, gegebenenfalls auch Gesamtziel (z. B. Gesundheitsförderung) und Teilziele (z. B. vegetarische Kost, Klettertouren, Bekanntschaften) sowie Finanz- und Sachziele.

Für dieses zuletzt genannte, betriebswirtschaftlich hochentwickelte Zielpaar sei auf das Zielsystem eines Unternehmens exemplarisch hingewiesen. Bei einem kommerziellen Unternehmen dominieren drei finanzielle bzw. formale Ziele: Rentabilität, Liquidität und Sekurität. Soll heißen: das Unternehmen strebt nach Gewinn, will also, dass das investierte Kapital eine Rendite abwirft, muss jeder Zeit fähig sein, den Zahlungsverpflichtungen nachkommen zu können und Wert legen auf sichere Kapitalanlage und Schutz vor Überschuldung.

Diesen Zielsetzungen folgen Sach- bzw. Leistungsziele, die man ebenfalls als Zieltriade voranschaulichen kann: ökonomische, gesellschaftliche und ökologische Sachziele. Wiederum modellhaft dreigeteilt, beinhalten

erstere die Ziele Kundenorientierung, Leistungsfähig-
keit und Wettbewerbsfähigkeit. Als gesellschaftliche
Ziele können genannt werden verbindliches Handeln,
soziale Verantwortung und Mitarbeiterzufrieden-
heit. Eine Dreiteilung der ökologischen Ziele führt zu
Ressourcenschonung, Schadstoffvermeidung und Ent-
sorgungssicherheit. Alle diese Ziele lassen sich in weitere
Teilziele aufspalten.

Die meisten dieser Finanz- und Sachziele sind unter-
einander und miteinander verknüpft. Sie können je nach
unterschiedlicher Strategie gleichbedeutend oder von
unterschiedlichem Gewicht sein, einer Über- und Unter-
ordnung folgen, sich ergänzen und fördern, sich im
Wettbewerb befinden oder sich indifferent bzw. neutral
verhalten.

2.2   Messen und einschätzen

Um Einzelziele und selbst Zielsysteme zu erfassen, ist es
ratsam, Zielmaße und Zieleigenschaften festzuhalten.
Dazu sind zahlreiche Methoden entwickelt worden.
Mengen, Größen, Gewichte, Entfernungen, Geschwindig-
keiten, Zeitdauern, Fristen, Formen usw. helfen beim
quantitativen Messen. Für das Erfassen von Qualitäts-
merkmalen zieht man Regelwerke heran. Zum Beispiel
Noten oder Punkteschema als Indikatoren für Schul-
und Sportleistungen, Raster für berufliche Leistungs-
beurteilungen, Servicequalität, Kundenfreundlichkeit,
Handelsklassen, Hotelkategorien, Restaurantsterne, Ver-
kostungen, Lesewettbewerbe, Jurypreise usw.

Während sich die quantitative Erfassung zumeist auf
naturwissenschaftliche und mathematisch exakte Verfahren stützen kann, beruht die Feststellung qualitativer
Eigenschaften auf Einschätzungen. Gewiss gibt es auch

hier objektive Anhaltspunkte, Erfahrungen, Entsprechungen, Grundsätze, Regeln, Rechtsprechung und Leitlinien, deren sich Beobachter, Gutachter, Sachverständige, Richter und Mediatoren vergewissern. Aber es bleibt beim Beurteilen ein Rest von Subjektivität. Denn auch Qualitätsprüfer orientieren sich an ihren Sinnen und Wahrnehmungen und sind auf ihre Fachkenntnisse und Verstandeslogik, Urteilskraft und Argumentationsstärke angewiesen. Ausleseprozess und Anerkennung als Experten unterstreichen Authentizität und Autorität der Prüfer.

Bei der Messung von Qualitäten und der Einstufung der Qualität stellt sich zunächst die Frage, was erfasst werden soll, etwa das Materialvolumen oder die Lieferantenqualität (Termintreue, Flexibilität, Innovationskraft usw.)? Reichen Kennzahlen und Vergleichswerte aus, lassen sich Indikatoren bzw. Ersatzgrößen anwenden? Wie die Erfassung geschehen soll, führt zu den Messmethoden: laufend oder gelegentlich, Vollerhebungen oder Stichproben, Bereichs- oder Gesamterfassungen? Gewinnt man Erkenntnisse durch Beobachtungen, Befragungen, Zählungen, Experimente, Simulationen oder Plausibilitätsprüfungen?

Für die Messung ist unerlässlich, woran gemessen werden soll. Als geeignet erweisen sich Kardinal-, Ordinal und Nominalskalen. Erstere (von lat. kardinal für grundlegend, hauptsächlich) besitzen einen festen Nullpunkt wie ein Metermaß oder eine Schaltuhr, sodass man addieren und subtrahieren kann. Ordinalskalen (von Ordinalzahl lat. Ordnungszahl) erlauben die Angabe einer Rangordnung, etwa Härtegrade von Wasser oder Mineralien. Über die geringste Aussagekraft verfügen Nominalskalen (von lat. nominal im Sinne der bloßen Nennung einer Eigenschaft), weil man Maßnahmenwirkungen nur einer bestimmten Klasse zuordnen kann: Der Einsatz einer Ressource ist zufriedenstellend oder unbefriedigend oder die Produktqualität genügt oder bleibt hinter der Erwartung zurück.

Referenzpunkt der quantitativen Erfassung ist die Aufschreibung oder Auflistung von Mengen, die sich oft zu einem Mengengerüst türmen. Typische Beispiele bilden Inventuren in Unternehmen, Zählungen in Gesellschaft und Staat und Bestandsaufnahmen in der Natur. Um die Mengenangaben vergleichen zu können, ist jeweils ein gemeinsamer Nenner erforderlich. Der weitverbreitetste und weitestreichende größte gemeinsame Nenner stellt die Bewertung bzw. Bepreisung dar. Es kommen Marktpreise, administrative Preise, Verrechnungspreise und (fiktive) Schattenpreise zum Ansatz.

Mit der Monetarisierung handelt man sich allerdings gravierende Probleme ein, denn viele Mengen und erst recht zahlreiche Eigenschaften entziehen sich der exakten Erfassung. Was ist die Wiederherstellung der Gesundheit eines (jungen oder alten, berufstätigen oder im Ruhestand befindlichen) Menschen wert? Welch großer Schmerz wurde dem Opfer zugefügt und wie hoch bemisst man das Schmerzensgeld? Noch komplizierter wird es, wenn man berechnen muss, wie hoch Frühinvalidität oder verhinderter oder wirklicher Tod zu entschädigen ist. Imponderabilität ist keine Lösung. Man muss Ausgleiche, Vergleiche oder Musterbeispiele heranziehen und Schätzungen fundieren.

2.3   Drei Qualitätskategorien

Bei der Feststellung qualitativer Eigenschaften sowohl von Personen und ihres Verhaltens als auch von Sachen und der Umwelt lassen sich grundsätzlich drei Arten von Qualitäten unterscheiden.

Erstens: die technische Qualität. Sie ist oft mit Mengen-angaben verbunden und es werden funktionale Merkmale erfasst, also beispielsweise die Sachkunde eines Arztes, die Reinheit von Bier, Medikamenten oder Diamanten, die Güte von Gewässern, der Lärm von Kompressoren, die Funktionssicherheit und Messpräzision von geeichten Waagen, die Eignung von Filtern oder die Klimaverträg-lichkeit von Produkten. Hilfreich sind hier vorwiegend Methoden aus dem Bereich der Natur- und Ingenieur-wissenschaften, Medizin und Psychologie.

Zweitens: Eng mit dieser in einem umfassenden Sinn verstandenen technischen Qualität hängt die fachliche Qualität zusammen. Sie ist nicht minder differenziert und schlägt eine Brücke zwischen funktionaler Erkennt-nis und Nutznießung. Dabei lassen sich zwei Arten unterscheiden: die fachlich-rechtliche und die fach-lich-organisatorische Qualitätskategorie mit ihren ent-sprechenden Anforderungen an das Management eines Unternehmens oder einer Behörde. Zusammen mit der technischen Qualität bilden sie das Qualitätsmanagement (Fachleute sprechen abgekürzt von QM).

In Arztpraxen und Krankenhäusern beispielsweise dient QM dem Nachweis bestimmter Standards gegen-über Dritten. Gestützt auf vorgegebene interne Reportings und Dokumente werden Datenerfassung, Datenschutz, Diagnoseerstellungen und Therapien unter Einhaltung von rechtlich verbindlichen Ausbildungs-, Sachkunde-, Sicherheits- und Hygienestandards fachlich und recht-lich von QM-Dienstleistungsunternehmen, quasi den Werkstätten für Prozess-, Arbeits-, Produkt- und Dienst-leistungsqualität, kontrolliert und nachgebessert und damit vorbereitet für Pflichtprüfungen durch Gesund-heitsämter und Ministerien. Die Fortbildungspflichten der Ärzte nehmen Ärztekammern unter die Lupe. Die QM-Kontrollen finden laufend statt (durch Monitoring) oder werden von Zeit zu Zeit wiederholt (durch Begut-achtung). Externe unabhängige Auditoren (Betriebsprüfer) etwa von Technischen Überwachungsvereinen (TÜV) führen einen Zertifizierungsprozess durch und stellen bei positivem Ergebnis ein zeitlich befristetes Zertifikat aus.

Dieser bestätigte Nachweis ist von großer Bedeutung für Patienten, Ärzte, Mitarbeiter und die Allgemeinheit. Der Nutzen für die Allgemeinheit äußert sich im Gesund-heitsstand der Bevölkerung und schlägt sich in deren Arbeitsfähigkeit, im Einkommen, in der pharmazeutischen und medizinischen Industrie, in Steuereinnahmen usw. nieder. (Zu diesen Wirkungen später mehr.)

Ein fachlich-organisatorisch gut arbeitendes Manage-ment hilft einer Praxis oder einer anderen Institution bei der Planung, Steuerung und Überwachung. Standort und Zugang, Öffnungs- und Wartezeiten, Informationen und Transparenz, Zuvorkommenheit des Personals und Ausstattungskomfort der Praxis beeinflussen das Wohl-befinden der Besucher. Sie legen Wert auf Höflichkeit, Ehrlichkeit, Mitgefühl, Einsatzfreude, Verlässlichkeit und Pünktlichkeit und schätzen unter anderem Zusatz-leistungen wie Zeitungen, Blumenschmuck, Medien-anschlüsse, Kinderecke.

Drittens: Die ökonomische Dimension der Qualität fällt etwas aus dem Rahmen. Wirtschaftlich betrachtet gilt: Qualität ist, was gefällt (und wofür man gewöhnlich auch zahlt). Die beiden anderen Qualitätskategorien basieren auf natürlichen Eigenschaften, gesetzlichen Erfordernissen, positiven Werten, fachmännischem und kultiviertem Handeln. Bei der ökonomischen Qualität zählen die eigennützigen Interessen der Anbieter und Nachfrager. Nicht die objektive (nachgewiesene und/oder zertifizierte) Güte oder die vorbildliche Erziehung, Tugend oder Werte-vermittlung ist Ausweis für ökonomische Qualität. Sie bemisst sich nach Befriedigung, Genuss oder Vergnügen,

d. h. nach subjektiver Beglückung – einerlei, ob Geräte, Lebensmittel, Drogen, Filme, Bedingungen, Beziehungen oder Veranstaltungen nutzen oder schaden. Wenn jemand für Tugend oder Laster zahlt, gewinnt immer der Anbieter.

2.4   Wahrnehmung von Qualität

So gut wie nie sind diese drei Kategorien der Qualität allein von Bedeutung. Stets wirken mehrere Qualitätsarten zusammen und stets kommen Quantitäten hinzu. Die Freude beispielsweise an der Arbeit bemisst sich nach der Arbeitszeit, weiteren quantitativen und mehreren qualitativen Arbeitsbedingungen samt der Bezahlung. Inhaltlich üben intrinsische Motivation und Lebenslage Einfluss aus. Je nach angestrebten Zielen ein höchst komplizierter Vorgang!

Für die Arbeitszeit ist nicht nur die Dauer relevant, sondern Beginn und Ende an Werktagen und am Wochenende, Zugang und Rückweg, tagsüber oder nachts, mit Pausen- und Urlaubsregelungen. Geschätzt werden auch Arbeitstage, unterbrechende oder andere Randzeiten, veranstaltete gemeinsame Treffen, Homeoffice-Tage und individuelle Vereinbarungen zur Harmonisierung von Beruf und Familie. Diese das Arbeitsklima beeinflussenden Faktoren verbinden sich mit zusätzlichen Qualitätsfaktoren, die mit der Art und Weise der Verrichtungen oder der Büroarbeit zusammenhängen, die wiederum von Ausstattung und Atmosphäre des Arbeitsplatzes abhängen. Über die Wertigkeit der Arbeit geben Gehälter, Zulagen und gesellschaftliche Anerkennung Auskunft.

Qualität wahrzunehmen beginnt mit den einzusetzenden Sinnen (Hören, Sehen, Riechen, Schmecken und Tasten). Sie sind bei den Menschen unterschiedlich entwickelt, entsprechend vielfältig wird Qualität wahrgenommen. Da man wissen möchte, ob die eigene Wahrnehmung richtig ist und wie Andere Qualität wahrnehmen, muss man die Gemeinsamkeiten der subjektiven Wahrnehmung erforschen. Durch Verallgemeinerung lassen sich unter Umständen objektive Wahrnehmungen ableiten. Außer der physiologischen und psychologischen Wahrnehmung helfen uns Denk- und Lernprozesse, Qualitäten und Quantitäten einzuschätzen und/ oder zu messen. Denken und Lernen werden von angeborenen Eigenschaften der Person (Geschlecht, Alter, Erbanlagen) und der Erziehung und der Verarbeitung im menschlichen Bewusstsein gelenkt. Hinzu kommen Einstellungen, verstanden als bestimmte Sichtweisen realer Phänomene, sowie Motive im Sinne von Antriebskräften.

Angenommen, man möchte die Qualität eines Museums beurteilen. Es stellt sich die Vorfrage nach Art und Größe des Museums, weil darauf die qualitativen Eigenschaften fußen. Ein großes Museum mit dem Anspruch, Objekte international zu sammeln, zu bewahren, zu erforschen, auszustellen und zu vermitteln, unterscheidet sich in Vielem von einer musealen Gedenkstätte für einen einheimischen Künstler. Im Unterschied zum „kleinen Haus" erwartet man beim großen Museum weitläufige Säle, zahlreiche und vielfältige Gegenstände, also zunächst Mengen bzw. Masse. Bei der Einschätzung der Museumsqualität interessieren zusätzliche Merkmale: Wie bedeutsam erweisen sich die Ausstellungsstücke, haben sie Weltrang oder verströmen sie nur lokales Kolorit? Entsprechen Ausstellungstechnik und -präsentation zeitgemäßen Anforderungen? Hat man Teil an einer exklusiven Veranstaltung? Wird Provenienz evident? Ist die Digitalisierung bei den Besucherinformationen, gegebenenfalls auch bei Veröffentlichungen eingekehrt? Existieren Programme für Kinder, Schüler und Senioren?

3

Input, Output, Outcome, Impact

Mit deutschen Worten bedeutet dies: Einsatz (von Maßnahmen, Mitteln, Produktionsfaktoren, Faktoreinsatzmengen, Ressourcen), Leistung (Ausbringung, Ertrag, Produkt, Produktion, Produktionsmengen, Beschäftigung), Auswirkung, Einwirkung. Da die englischsprachigen Begriffe inhaltlich deutlicher und umfassender sind, werden sie vorgezogen. Sie entstammen der Betriebs- und Volkswirtschaftslehre (Business Administration and Economics), wobei dort vor allem die beiden erstgenannten Termini thematisiert werden.

Mit Input-Output-Analysen erfasst man Beginn und Ende von Produktionsprozessen. Diesem Sprachgebrauch schließe ich mich an und suche ihn an Hand betrieblicher Kosten und Leistungen zu operationalisieren. Outcome steht für Auswirkung, bei positivem Aspekt beispielsweise für Vermittlung von Werten und Nutzenstiftung, im negativen Fall beispielsweise für Schadstoffausstoß und Schlendrian. Impact deutet an, dass etwa positiv oder

© Der/die Autor(en), exklusiv lizenziert durch Springer Fachmedien Wiesbaden GmbH, ein Teil von Springer Nature 2022
P. Eichhorn, *Die Outcome-Impact-Methode,*
https://doi.org/10.1007/978-3-658-35141-0_3

negativ einwirkt, etwa die Gesundheit oder die Natur gefördert oder gefährdet wird.

In der Umweltdiskussion stehen Outcome-Belastungen für Boden, Wasser, Luft und Raum durch Emissionen und Impact-Belastungen für Mensch, Tier und Pflanze durch Immissionen im Vordergrund.

Das Erkenntnisinteresse richtete sich anfänglich auf industrielle Produktion und Produkte, also auf Sachgüter. Mit zunehmender Bedeutung des Dienstleistungssektors erstrecken sich Input-Output-Analysen jetzt auch auf Faktorbeschaffung, Leistungserstellung oder Verwertung im Bereich von Banken, Versicherungen, Agenturen, Kanzleien, Praxen, Gastronomie, Handwerk, Handels- und Verkehrsunternehmen und auf behördliche Maßnahmen. In der gewerblichen, freiberuflichen und gemeinnützigen Unternehmenswirtschaft sind Input bzw. Kosten und Output in Form von Umsatzerlösen für die Gewinnermittlung relevant. Die öffentlichen Haushalte von Bund, Ländern und Gemeinden zielen auf den Ausgleich von Einnahmen und Ausgaben, dank der Doppik neuerdings auf Erträge und Aufwendungen (d. h. auf periodisierte Einnahmen und Ausgaben) im Rahmen von Gewinn- und Verlustrechnungen, dort als Ergebnisrechnungen bezeichnet.

Bei größeren öffentlichen Infrastrukturprojekten (z. B. bei Staudämmen, Flughäfen, Ansiedlungen, Straßen- und Brückenbauten, Verkehrsvorhaben) und bei Großprojekten und Massenprodukten der privaten Wirtschaft (z. B. bei ausgedehnten Bauwerken, großflächigen Niederlassungen, Maschinen, Fahrzeugen, Konsumartikeln) reichten und reichen weder Einnahmen-Ausgaben-Rechnungen noch Kosten- und Erlösrechnungen aus. Erstere halten nur finanzielle Transaktionen fest und informieren nicht über die Wirtschaftlichkeit von Vorgängen. Mit Kosten und Erlösen lässt sich zwar die betriebliche Wirtschaftlichkeit erfassen; solche Rechnungen sagen, wie die Rechnungen mit Einnahmen und Ausgaben, nichts aus über die damit verbundenen Nah- und Fernwirkungen privater und öffentlicher Aktivitäten. Man möchte aber wissen, was daraus jenseits von Markt- und Zahlungsvorgängen resultiert.

Hier setzt die Outcome-Impact-Methode an. Sie analysiert die Wirkungen von Input und Output. Mit Input und Output vermag man zwar die betrieblichen Kosten und die im Markt erzielten Umsatzerlöse zu messen, mithin Ressourcenmengen und Preisangaben zu dokumentieren. Die bei Fertigung und Nutzung beispielsweise von Fahrzeugen, Flugzeugen und Kühlschränken, bei Herstellung und Verbrauch von Saatgut und Lebensmitteln oder beim Bau von Häusern, Straßen und Tunnels entstehenden Veränderungen in Gesellschaft und Natur bleiben indessen unberücksichtigt. Man kann das handels- und steuerrechtliche Rechnungswesen von Unternehmen und das Haushalts- und Rechnungswesen von Bund, Ländern und Gemeinden als verkürzte Rechnungslegung interpretieren. Eigentlich müssten beide Rechnungsbereiche erweitert werden, nämlich um positive und negative externe Effekte, damit eine umfassende Rechenschaftslegung sichergestellt wird. Die über Markt- und Zahlungsvorgänge hinausgehenden Wirkungen lassen sich aber nicht ohne weiteres abgreifen. Sie teilen das Schicksal der Qualitätserfassung und bedürfen erstens einer Grundlegung von Input und Output, zweitens einer Analyse von deren Wirkungen und drittens – falls möglich – eines gemeinsamen Nenners zum Vergleichen, der am besten in der Monetarisierung der Effekte besteht.

4

Betriebliche Kosten und Leistungen

Mit diesem Begriffspaar beginnen Analysen der Wirtschaftlichkeit. Alle menschlichen Tätigkeiten werden von Kosten und Leistungen begleitet – unabhängig davon, ob man sie überhaupt erfasst. Kosten spiegeln den in Geldeinheiten ausgedrückten Wertverzehr wider, der sich beim Einsatz von Material, Fabrikaten und Waren sowie von Arbeits-, Dienst- oder Finanzleistungen ergibt. Wertverzehr besagt, dass Ressourcen verwendet, genutzt, umgewandelt, verbraucht oder entsorgt werden. Das Ergebnis der Betätigung ist die hervorgebrachte Leistung, mag sie vorteilhaft oder ungünstig, materielle oder ideelle, individuelle oder kollektive Bedeutung haben und aus einer Ausbringungsmenge, aus Arbeits-, Dienst- oder Finanzleistung bestehen.

Der Quotient aus Kosten und Leistungen pro Stück, pro Projekt, Arbeitsplatz oder Periode ist ein Maß für Wirtschaftlichkeit. Sie lässt sich auch durch Vergleich von erwünschten und tatsächlichen Kosten (Sollkosten :

P. Eichhorn, *Die Outcome-Impact-Methode*, https://doi.org/10.1007/978-3-658-35141-0_4

Istkosten $\geq$ 1) oder erwünschten und tatsächlichen Leistungen (Sollleistung : Istleistung $\leq$ 1) berechnen. Stellt man Mengengrößen gegenüber, z. B. Ausbringungsmenge : Faktoreinsatzmenge, erhält man die Produktivität als rein quantitativen Ansatz für Wirtschaftlichkeit. Ein rein wertmäßiger Ansatz für Wirtschaftlichkeit, z. B. Gesamtkosten : Umsatzerlöse $\times$ 100 führt zur Ertragskraft bzw. Kosten-Erlös-Deckung. Auch gemischte Ansätze, z. B. Leistungsmenge : Kosten oder Umsatzerlöse : Beschäftigte setzen in Kenntnis, ob und inwieweit relativ wirtschaftlich gehandelt wird.

Das Ergebnis der Wirtschaftlichkeitsanalyse sagt aus, wie kostengünstig oder kostenträchtig die Leistungserstellung erfolgt. Zwei Irrtümer drängen sich auf. Man verknüpft zum einen das Ergebnis zwangsläufig mit Rentabilität, zum andern schließt man aus ökonomischem Handeln auf Wohlstand.

Unter Rentabilität versteht man die Gewinnerzielung (Rendite) aus einem Kapitaleinsatz bzw. einer Investition. Üblicherweise trägt zwar eine kostensparende Leistungserstellung zum Gewinn bei, umgekehrt schmälern ihn hohe Kosten. Ein rentables bzw. verzinsliches Resultat kommt aber am Markt durch Preise und Umsatzerlöse zustande – selbst wenn unwirtschaftlich produziert worden ist. Wirtschaftlichkeit fördert Rentabilität, darf mit ihr jedoch nicht gleichgesetzt werden.

Es lassen sich vier Fälle unterscheiden:

Erstens: Wirtschaftliche Leistungserstellung und lohnende Rendite. Diese ideale Situation streben Unternehmen an.

Zweitens: Es kann aber auch der Fall eintreten, dass Fabrikate wirtschaftlich hergestellt werden, der rentable Erfolg aber ausbleibt, weil sie auf Halde gehen und wenig Absatz finden.

Drittens und viertens: Trotz unwirtschaftlicher Produktion kann sowohl ein rentables als auch unrentables Ergebnis erzielt werden.

Betriebliche Kostenrechnungen, die Kostenarten erfassen (Frage: welche Kosten fallen an?), sie auf Kostenstellen verteilen (Frage: wo fallen sie an?) und auf Kostenträger (Frage: wofür fallen sie an?) zurechnen, halten nur jene Kosten fest, die im Unternehmen als Einzelkosten direkt oder als Gemeinkosten indirekt anfallen. Analog verhält es sich mit den Kostenträgern bzw. Leistungen: Welcher Art sind sie (z. B. reguläre Erlöse oder außergewöhnliche Leistungen, Haupt- und Nebenleistungen) und wo werden sie erstellt (z. B. im Hauptwerk oder in Niederlassungen, im In- oder Ausland, von welchen Arbeitsgruppen)?

Es werden in Unternehmen, auch in privaten Haushalten, in Verbänden und Vereinen, in Behörden und Gerichten, grundsätzlich nur jene Kosten und Leistungen erfasst, die man als Rechenkosten verbuchen kann. Wesentlich für das zeitgemäße Rechnungswesen ist, dass monetäre Größen vorliegen. Entziehen sich Leistungen der Monetarisierung, setzt man – wie oft im öffentlichen Dienst – Fallzahlen oder andere Mengengrößen an. Zum Beispiel Zahl von Verwaltungsakten, Zulassungen oder Registereintragungen. Dann werden die Aufzeichnungen nicht in einem Buchhaltungssystem erfasst, sondern nebeneinander gelistet.

Betriebliche Kosten und Leistungen (durch Umsatzerlöse monetarisiert) fallen nicht nur beim Akteur an. Sie lösen auch bei Dritten Kosten und gegebenenfalls Erlöse aus. Angenommen eine internationale Messe oder ein großes Open-Air-Konzert oder Sportereignis zieht zahlreiche Besucher und Medien in seinen Bann. Dann strömen Firmenvertreter, Privatpersonen, Enthusiasten usw. zum Veranstaltungsort. Sie kaufen Fahrkarten, Flugtickets oder reisen mit PKWs an, bezahlen für Kost und Logis und den Eintritt. Manche verbinden mit der Veranstaltung Ziele ihres Unternehmens, seien es Presseverlage, Rundfunkbetreiber, Kioske und Taxiunternehmen oder Handwerksbetriebe und weitere von der Darbietung Profitierende. Das können Kleiderläden, Versicherungen und freie Berufe sein oder Druckereien für Plakate, Prospekte und Eintrittskarten. Nicht zuletzt fordern auch öffentliche Haushalte Abgaben ein.

Die jeweils anfallenden Kosten und etwaigen Erlöse entstehen als Folge der ursprünglichen Aktivitäten. Sie schließen sich unmittelbar oder mittelbar, stets aber über Markt- oder Zahlungsvorgänge an. Man könnte von additiven oder kohärenten Kosten und Erlösen sprechen. Mit ihnen erhöhen sich – um im Beispiel zu bleiben – die lokale und regionale Kaufkraft sowie die Steuer- und Gebührenertragskraft der Kommunen. Aber auch diese Kosten und Erlöse bilden keine externen Effekte im Sinne von Outcome und Impact, die – wie erwähnt – außerhalb von Markt- und Zahlungsvorgängen eintreten.

Es hat Jahrzehnte gedauert, bis man solche additiven Kosten und Erlöse mit Hilfe von Multiplikatoreffekten projekt- und regionenbezogen zu erfassen wusste. Schrittmacher waren Großveranstaltungen von Messen und Sport, deren monetäre Implikationen man abschätzen wollte (nicht zuletzt aus Gründen der geforderten Bereitstellung staatlicher und städtischer Mittel). Aber auch diese Untersuchungen fokussieren die finanziellen Effekte und geben – wenn überhaupt – externe Effekte nur kursorisch und nachrichtlich an. Zur Begründung wird darauf verwiesen, dass Effekte außerhalb von Markt- und Zahlungsvorgängen zwar vorhanden seien, sich aber weitgehend als imponderabel erweisen und deshalb nicht exakt aufzuzeigen wären.

Mit solchen Schlussfolgerungen darf man sich nicht zufrieden geben. Wenn auch eine präzise Messung externer Effekte Schwierigkeiten bereitet, muss man doch konstatieren, dass diese Effekte vorteilhaft und/oder nachteilig sein können. Es gilt, Annahmen, Annäherungen und Aussagen zu ergründen, Plausibilität zu prüfen und bei Entscheidungen Transparenz herzustellen sowie Verantwortung zu übernehmen.

Auch die betrieblichen Kosten unterliegen Vorgaben und Einflussnahmen, die zur Folge haben, dass die Höhe der Kosten in Unternehmen keineswegs perfekt festliegen. Das Handels- und Steuerrecht eröffnet bilanzielle Ermessensspielräume, die von der betrieblichen Kostenplanung vorbereitet werden. Man denke an zu bildende Rückstellungen für zu erwartende Steuerzahlungen, (Gerichts-) Prozesskosten, Betriebsrenten oder Entsorgungskosten von Atomkraftwerken. Die Risikoeinschätzung richtet sich nach vernünftiger kaufmännischer Beurteilung, bezieht sich stets auf das Unternehmen. Seine Existenz ist wesentlich.

Man muss sich aber fragen, was geschieht, wenn die Kosten zu niedrig geplant sind, die finanziellen Verpflichtungen sich als höher erweisen und das Unternehmen Verluste schreibt und insolvent wird? Dann geraten Betriebsrentenzusagen ins Schlingern und die Zivilgesellschaft zahlt die Zeche. Was sich bei Atomkraftanlagen insofern gravierend auswirkt, als die geplanten Kosten und die angesetzten Rückstellungen für das spätere Abwracken besonders hoch ausfallen. Hier geht es nicht um Millionen, sondern um Milliarden Euro, die steuerfrei gebildet und auf Jahrzehnte steuerfrei angespart werden konnten mit dem Effekt immenser Steuerstundung und kostengünstiger Stromerzeugung. Doch auch diese Kostenplanung und Bilanzierung bleiben im Buchhaltungssystem verankert und schlagen sich erst bei späteren Generationen nieder, wenn der Rückbau von Altlasten nicht von den Unternehmen gestemmt werden kann und die Allgemeinheit dafür haften muss.

Es lassen sich zahlreiche weitere buchhalterische Möglichkeiten (in Medien gern als kreative Buchführung, bilanzielle Tricks oder Bilanzkosmetik bezichtigt) anführen, mit denen sich Unternehmen ärmer oder reicher darzustellen vermögen. Unter bestimmten Voraussetzungen können Bewertungen bei Vorräten bzw. fertigen und unfertigen Erzeugnissen geändert werden, ebenso Abschreibungen von linear auf degressiv mit dann höherem Volumen. Zusätzlichen Aufwand versprechen erhöhte Einzel- und Pauschalwertberichtigungen auf Forderungen. Ein erworbener Firmenwert (Goodwill) senkt bei Vollabschreibung den Jahresabschluss und erhöht bei einer Reaktivierung die Eigenkapitalquote usw.

Stets wirken sich diese Veränderungen im Jahresabschluss aus. Ein so geschönter Jahresabschluss kann gegebenenfalls eine unternehmerische Schieflage verschleiern, (eventuell Milliarden-) Verluste verheimlichen und den Schaden der Belegschaft, den Anteilseignern, Finanzbehörden und der (Bürger-) Gesellschaft auferlegen. Der Oktroi wird zwar finanziell reguliert, die Auswirkungen greifen aber darüber hinaus. Arbeitsplätze gehen beispielsweise verloren und damit auch Einkommen für Familien sowie Weiterungen auf Arbeitslosigkeit, Sozialversicherungen, Arbeitsmarkt, Agenturdienste, Umschulungen, Neueinstellungen. Von Kosten und Verschuldung privater Haushalte, der prekären Lage der Ehen und Familien erst gar nicht zu sprechen.

Auch bei Langfristprojekten lassen sich die Auswirkungen finanziell abfedern. Ein illustratives Beispiel bietet die Schweiz. Um den Güterverkehr von der umweltunfreundlichen Straße auf die energieeffiziente und klimaschonende Schiene zu verlagern, wurde eine leistungsabhängige Schwerverkehrsabgabe (LSVA) für LKW nach Ladegewicht, gefahrenen Kilometern und Abgasausstoß gestaffelt, eingeführt, die einen Fonds zur Finanzierung von Investitionen ins Schienennetz speist. Damit werden externe Kosten, die sonst die Allgemeinheit trägt, dem LKW-Verkehr, also den Speditionen und anderen LKW-nutzenden Unternehmen, angelastet.

Bevor man solche kurz- oder langfristigen Finanzierungsalternativen eröffnet, sind deren Amplituden für Wirkungen außerhalb von Unternehmen oder Fonds ins Kalkül zu ziehen. Man muss also prüfen, wie sich Jahresabschlussregeln auf Gläubiger, Anleger, Mitarbeiter, Lieferanten, Kunden und auch auf Wirtschaft, Staat und Gesellschaft auswirken. Im genannten Beispiel ist zuvor zu prüfen, mit welchen Umweltunverträglichkeiten für Betroffene man rechnen muss und wie man sie zu begrenzen vermag. Kurz gesagt: Erst sind externe Effekte zu analysieren und danach rechtliche Normen festzulegen und Preise zu gestalten.

5

Der Ansatz externer Nutzen und Kosten

Jedwede Tätigkeit des Menschen wird von Wirkungen begleitet. Im Unternehmen und in der Wirtschaft steht die Einkommenserzielung im Vordergrund und bei Bürgern spielt oft die gesellschaftliche Anerkennung eine Rolle. Die Natur lässt sich von Wachstum und Weiterentwicklung leiten. In allen drei Bereichen ist man an Art und Ausmaß der Aktivitäten und Effekte interessiert. Bei wirtschaftlicher Betätigung gelingt das Erfassen seit Jahrhunderten mit einem strukturierten Rechnungswesen. Doch es verkürzt die Analyse auf greifbare Geldgrößen. Die Bereiche Gesellschaft und Natur kann man damit kaum unmittelbar abbilden. Hier helfen unter Umständen Zählungen, Statistiken, Berichte, Gutachten, Schätzungen oder wissenschaftlich begründete Prognosen.

Die Outcome-Impact-Methode versucht, den externen Effekten auf die Spur zu kommen. Sie unterstellt erwünschte Zustände, will diese Wirkungen erkennen, sie klassifizieren (einordnen) und qualifizieren (ihre Eigen-

© Der/die Autor(en), exklusiv lizenziert durch Springer Fachmedien Wiesbaden GmbH, ein Teil von Springer Nature 2022
P. Eichhorn, *Die Outcome-Impact-Methode*,
https://doi.org/10.1007/978-3-658-35141-0_5

schaften ermitteln) und möglicherweise quantifizieren oder sogar monetarisieren.

Wählen wir zur Veranschaulichung drei Beispiele:

Beispiel

1. Ein Unternehmen der weißen Ware produziert Kühlschränke, Waschmaschinen, Geschirrspüler, Herde und sonstige Haushaltsgeräte. Betriebswirtschaftlich betrachtet bilden sie das Ergebnis einer betrieblichen Leistungserstellung, den Output. Dieser entsteht nach Beschaffung und Einsatz von Produktionsfaktoren (Input) durch deren Kombination. An der Faktorkombination, fachwissenschaftlich gern als Throughput (deutsch Durchsatz) bezeichnet, sind in der Regel Personen, Kapital, Material, Energie, Dienstleistungen (z. B. Catering, Transporte, Postdienste, Wartung, Beratung), Rechte (u. a. Eigentum, Zulassung, Nutzung) und die Natur (als Boden, Wasser, Luft und Raum) beteiligt.

Außer Marktvorgängen und Zahlungen weisen alle Faktoren von der Erkundung, Exploration, Beschaffung und Beförderung über die Herstellung, Lagerung und internen Abfallwiederaufbereitung oder Abfallentsorgung bis zum Produktionsende und nach dem Verkauf des Produkts bei der Produktnutzung Wirkungen auf, die man gern zwar vernachlässigt, aber kennen sollte. Von der positiven Seite sind die Konsumenten überzeugt, denn sonst würden sie die Ware nicht kaufen. Kaufpreis und Nutznießung erscheinen attraktiv und lassen etwaige Nachteile in den Hintergrund treten. Man kann auch sagen: Bedürfnisbefriedigung samt Komfortzuwachs übersteigen bei Weitem etwaige Belastungen bei Menschen, Sachen und in der Umwelt. Mehr noch: viele Lasten sind unbekannt und dringen nicht ins Bewusstsein vor oder werden erkannt und dennoch ignoriert.

Beispiel

2. Bleiben wir beim Verbraucher, der seinen Lebensmittelbedarf beim Discounter oder in Fachgeschäften deckt.

Beim Kauf von Gemüse-, Milch- und Fleischprodukten ist die Differenz zwischen Kaufpreis und dem, versteckte externe Kosten enthaltenden wahren Preis ziemlich groß. Die genaue Höhe kennt niemand. Sie ist schwierig zu berechnen, denn ein wesentlicher Teil der tatsächlichen Kosten, die bei der Lebensmittelproduktion entstehen, wird nicht erfasst und dem Kaufpreis zugeschlagen. Schlecht bezahlte Lohnarbeiter in Dritte-Welt-Ländern und zu niedrig entlohnte Erntehelfer im Inland tragen allemal gewisse Lasten. Die Überdüngung der Felder verschmutzt das Grundwasser, das aufwendiger Reinigung bedarf und den Wasserpreis für betroffene Privathaushalte erhöht. Die bei intensiver Tierhaltung emittierten Treibhausgase schaden womöglich dem Klima, was künftige Generationen auszubaden haben.

Würde man diese externen Kosten in den Marktpreis einrechnen, stiege er nicht unerheblich. Ein fairer, nachhaltiger und vollständiger Preis lässt sich aber im Wettbewerb nicht durchsetzen. Der Handel ist damit überfordert. Die Staaten müssten diese Aufgabe bewältigen. In einzelnen Wirtschaftszweigen geschieht das bereits. In der Energieerzeugung werden die Unternehmen für ihren CO_2-Ausstoß schon zur Kasse gebeten. Oder man verlangt an einer Strombörse Lizenzen für Verschmutzungsrechte. In der Agrarwirtschaft tut sich allerdings bisher wenig, wenngleich auf lange Sicht absehbar ist, dass Landwirtschaftsbetriebe und überhaupt alle Betriebe und Branchen mit externen Kosten belastet und diese eingepreist werden.

Beispiel

3. Als weiteres Beispiel sei der Bau eines Hochhauses angeführt. Ein solches Projekt schafft im Allgemeinen einen enormen Wertanstieg, der sich in Preisen äußert, die hier aber übergangen werden sollen, weil die von Bau und Werk ausgehenden externen Effekte interessieren. Je nach städtegestalterischen, rentierlichen, touristischen oder ästhetischen Zielsetzungen für Standort und Areal werden Bebauung, Grundstück, Ambiente, Größe des Hauses, sein Aussehen, Milieu, Verkehrsanbindung, Zugang und Nutzung unterschiedlich beurteilt, will sagen:

gutgeheißen, toleriert, wenig geschätzt oder abgelehnt. Gewiss wird das Bauwerk nach gesetzlichen Vorschriften errichtet und werden die Träger öffentlicher Belange nach Baurecht und Städtebauförderungsgesetz angehört und einbezogen. Doch auch diese Träger, zumeist Bundes- und Landesbehörden samt Bundeswehr und Landkreise sowie Daseinsvorsorgeunternehmen, Post, Bahn, Feuerwehr und Rettungsdienste, bilden mehr eine Art Anwälte für Rechte und Pflichten von Nachbarn, Bürgerschaft, Gesellschaft und Wirtschaft und sie vertreten weniger Generationen, Tradition, Image, Materialpflege, Wohlbehagen und (Klein-) Klima.

Externe Nutzen oder Kosten entstehen in der Nachbarschaft, wenn das Hochhaus zum Geschäftsviertel passt und ihm Aufschwung verleiht. Dann werden die Werte für unbebaute und bebaute Grundstücke (zunächst außerhalb von Markt- und Zahlungsvorgängen) steigen (und vielleicht später bei Eigentumsübertragungen tatsächlich am Markt höhere Preise erzielen). Es können damit aber auch externe Kosten verbunden sein, hervorgerufen durch Straßenverkehrszunahme, Parkplatznöte, höheren Strombedarf für die Beleuchtung in Nachbargebäuden infolge der Schattenbildung und lokale Unbilden bei Wetter, Wind und Regen. Ungünstige externe Effekte können auftreten, wenn das Hochhaus in einer Wohnsiedlung stört.

Während die betrieblichen Kosten und bilanziellen Ansätze Unternehmen obliegen und von Steuerberatern, Wirtschaftsprüfern, Rechtsanwälten und Finanzbehörden überprüft werden, entziehen sich die externen Effekte häufig einer unmittelbaren Beurteilung. Einen ersten Versuch stellen bilaterale Lösungen dar. Bekleidungshäuser entrichten Kompensationszahlungen an textilverarbeitende Fabriken in Entwicklungsländern oder Brauereien und andere grundwassernutzende Unternehmen müssen einen „Wasserpfennig" (eigentlich einen nicht unerheblichen Beitrag) leisten, den Agrarbetriebe für eine Düngemittelreduzierung erhalten. Oder Unternehmen beteiligen sich am Fair Trade, der benachteiligten

Kleinbauern und -familien in der dritten Welt finanziell unterstützt. In naher Zukunft werden externe Effekte von unabhängigen Sachverständigenkommissionen erfasst und geschätzt werden müssen. Wegen der Arbeitsteilung in der Weltwirtschaft, insbesondere der internationalen Handels- und Lieferketten wegen, sind diese Kommissionen global, bei weniger verbreiteten Prozessen national oder regional zusammenzusetzen. Ihre Wirkungsanalysen konzentrieren sich vornehmlich auf die nicht in den Marktpreisen enthaltenen (externen) Kosten (denn die externen Nutzen und die zu zahlenden Kaufpreise verbessern ohnehin die Lebensqualität). Diese Kommissionen sollten für die Feststellung der Verteilungen und Einpreisungen der externen Nutzen und Kosten Verantwortung tragen. Aufgabe der Staaten wäre es dann, die für schutzwürdige Interessen zu erhebenden Zusatzpreise festzulegen, in Fonds zu sammeln und an betroffene Staaten, Institutionen und Personen auszukehren.

6

Emissionen und Immissionen: Das Kausalitätsproblem

Die erste Frage bei der Outcome-Impact-Methode lautet, ob mit einer Tätigkeit über die bezahlten (Faktor- und Produkt-) Preise am Beschaffungs- und Absatzmarkt einschließlich der zu zahlenden öffentlichen Abgaben hinaus Wirkungen auf Menschen, Sachen und die Natur verbunden sind? Sie können dadurch entstehen, dass zum Beispiel – wie gesagt – Erntehelfern hierzulande oder Gelegenheitsarbeitern in der „Dritten Welt" Lohnanteile vorenthalten werden, durch eine Geschäftsansiedlung Wertsteigerungen bei benachbarten Grundstücken erfolgen oder Stickoxid-Emissionen von Kraftfahrzeugen Luft verschmutzen und Gesundheit gefährden. Selbst wenn die Wirkung folgenlos oder ungenutzt bleibt oder verpufft, kann sie doch physikalische, physische oder psychische Folgen aufweisen. Sie zu erkennen setzt voraus, den Ursache-Wirkungs-Kontext auszuloten.

© Der/die Autor(en), exklusiv lizenziert durch Springer
Fachmedien Wiesbaden GmbH, ein Teil von Springer Nature 2022
P. Eichhorn, *Die Outcome-Impact-Methode,*
https://doi.org/10.1007/978-3-658-35141-0_6

Beispiele

Ein innovatives Produkt eines Unternehmens (Output) hat schöpferische Weiterungen in Forschung und Entwicklung bei Dritten im Verbund (Outcome).

Die Sendung eines Rundfunkbeitrags (Output) hebt den Bildungsstand der Bevölkerung (Outcome).

Demgegenüber entstehen bei der Produktion (Input) nicht nur Produkte (Output), sondern auch Ungüter (Outcome) in Form von Emissionen.

Angebotene Lebensmittel (Output) enthalten Gesundheitsrisiken (Outcome).

Apropos Risiken: Sie sind ein immanentes Element jeden Outcomes. Diese Outcome-Risiken können entweder mit Output-Risiken verknüpft oder davon unabhängig sein. Bei einer Spraydose oder einem Kühlschrank mit umweltbelastendem Treibgas liegt ein Fall für eine (outputbezogene) Produkthaftung und zugleich für eine (outcomebezogene) Gefährdungshaftung vor. Selbst bei Produkten mit hoher Qualität kann die Deponierung nach dem Ge- oder Verbrauch ökologische Risiken bergen.

Beim Outcome muss man differenzieren, ob nur er auftritt oder ob er mit Einwirkungen, also mit einem Impact, verbunden ist. Von einer fernab tätigen Druckerei, Gießerei, Schlosserei oder Schreinerei mögen örtliche Emissionen ausgehen. Sie führen aber zu keinen Einwirkungen auf Menschen, Tiere und Pflanzen, Selbst Luftverunreinigung und Wasserverschmutzung bleiben in der Praxis ohne wahrnehmbare Folgen. (Wohl aber mit Konsequenzen aus Theoriesicht, denn letztlich finden nur Umwandlungen statt von Materie, Energie und Information und es geht nichts verloren.) Anders wäre es, wenn die Unternehmen in dicht besiedeltem Gebiet tätig wären. Dann würden Emissionen zu Immissionen.

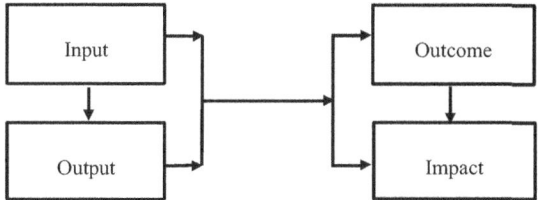

Abb 6.1 *Interdependenzen Input, Output, Outcome und Impact*
Quelle: Eigene Darstellung

Bildlich lassen sich diese Interdependenzen wie in **Abb. 6.1** gezeigt festhalten.

Zur Erforschung der Ursache-Wirkungs-Zusammenhänge empfiehlt sich ein generischer Ansatz. Er ist auf eine Bezugsgruppe bzw. Gattung zugeschnitten und sucht den Kausalnexus unter Berücksichtigung betroffener (Gesellschafts- oder Natur-) Bereiche zu erschließen.

Wie hängen der Ausstoß von Schadstoffen mit der Beeinträchtigung der Lebensqualität, wie die Luftverunreinigung durch Feinstaub mit der Schädigung der Atemwege und des Herz-Kreislauf-Systems der Menschen, wie die Aufforstung mit der Klimaverbesserung und die Ausstrahlung eines sinnvollen Films mit verantwortlichem Handeln zusammen? Darauf eine exakte Antwort zu finden, ist schwierig, mehr noch: unmöglich. Denn das Problem der Kausalität hat zwei noch unlösbare Komponenten: So liegt zum einen häufig keine Monokausalität vor, die für eine Wirkung in Betracht zu ziehen ist. Zum andern rufen mehre Ursachen sukzessiv oder simultan unterschiedliche Wirkungen hervor.

Kausalanalysen haben Wenn-dann-Beziehungen bzw. funktionale Abhängigkeiten zum Inhalt. Kehren die Ergebnisse häufig wieder, kann man daraus auf Regelmäßigkeiten, vielleicht sogar auf Gesetzmäßigkeiten oder gar auf (Natur-) Gesetze schließen, je nachdem, ob eine Begründung vorläufig, gesichert oder unumstößlich erfolgt.

Die Wirkungsforschung hat in den meisten wissenschaftlichen Disziplinen Eingang gefunden und es kommt ihr wachsende Bedeutung zu. Man möchte wissen, welche Aktivitäten Nutzen und Schaden stiften, wo und wie Haupt- und Nebenwirkungen entstehen und wann Nah- und Fernwirkungen auftreten.

In den Naturwissenschaften, namentlich in Chemie und Pharmazie, werden Ursache-Wirkungs-Verhältnisse getestet. Chemische Produkte und Arzneimittel können höchst nützlich sein, aber auch gravierende Schäden verursachen, sodass sie vor ihrer Verbreitung im Markt behördlicher Genehmigungen bedürfen. Man muss sich nur an die Contergan-Opfer erinnern, um die Tragweite eines Ende der 1950er Jahre gefeierten und 1961/1962 gefeuerten Beruhigungsmedikaments zu ermessen.

Ausgiebige Erfahrungen mit der Sequenz von aufeinander folgenden Ereignissen liegen in der Medizin vor. Die Medizin sucht Krankheiten und Verletzungen bei Menschen und Tieren vorzubeugen, zu erkennen und zu behandeln. Anamnesen, Diagnosen und Therapien dienen der Erforschung der Kausalitäten. Ähnlich verhält es sich mit Bio-, Ernährungs- und Lebenswissenschaften, soweit sie natürliche oder synthetische Einflüsse auf Lebewesen sondieren. Entsprechenden Immissionen auf die natürliche Umwelt widmet sich die Ökologie.

In der Rechtswissenschaft wird den Beziehungen zwischen Ursache und Wirkung nachgegangen, wobei den jeweiligen Bedingungen ursächliche Bedeutung zukommt. Deutlich wird es bei der Festlegung von Schadenersatz (z. B. von Schmerzensgeld bei Täter-Opfer-Beziehungen) und beim Prüfen konkludenten (schlüssigen) Handelns im Rechtsverkehr.

Die Betriebswirtschaftslehre thematisiert wirtschaftliche (gewerbliche und gemeinnützige, kommerzielle und Nonprofit-) Ziele und analysiert, wie betriebliche Entscheidungen, beispielsweise die Verteilung von Einzel- und Gemeinkosten auf Kostenträger, zu zentraler oder dezentraler Lagerhaltung führen, in der Preis- und Kommunikationspolitik die Nachfrage stimulieren oder bei Abschreibungen auf die Rechnungslegung einwirken.

Die momentan enervierende öffentliche Diskussion dreht sich um den Ausstoß von Schadstoffen bei Produktion und Produkten und der daraus resultierenden Bedrohung von Gesundheit und Klima. Indizien, Plausibilitäten und Wahrscheinlichkeiten müssen herhalten für nicht eindeutige Nachweise von Emissionen und Immissionen. Es lassen sich zwar zahlreiche umweltunverträgliche Bedingungen, Verfahren und Veranstaltungen als Ursachen für sog. Ungüter (engl. diseconomies) abschätzen, ihr exakter Effekt auf die Umwelt steht aber dahin.

Die Liste von Ungütern ist lang und reicht von A bis Z: Abfall, Abgas, Abluft, Absenkung, Abwasser, Altlast, Brache, Brackwasser, Brandgefahr, Chemikalien-Intoleranz, Dampf, Dreck, Dunst, Energievergeudung, Elektrosmog, Erosion, Erschütterungen, Flächenverbrauch, Fusel, Gestank, Hitze, Infiltration, Justizirrtum, Kälte, Kontamination, Korrosion, Lärm, Müll, Nebel, Oxidation, Pestizid, Qualm, Rodung, Rohstoffgefährdung, Ruß, Schmutz, Schrott, Spreu, Staub, Stickoxid, Strahlung, Trübung, Überdüngung, Unfallgefahr, Verunreinigung, Wärme, Zytotoxin.

Erfahrungen und Untersuchungen erlauben manchmal pauschale Einschätzungen. Genaues Wissen über die örtliche und zeitliche Verbreitung eines Schadstoffes oder einer Fehlentscheidung oder des Zusammenwirkens von Ursachen existiert nur begrenzt. Berufsgenossenschaften engen den Kausalnexus ein, indem sie etwa Staublungen-erkrankungen auf Arbeitsplatzbedingungen zurückführen. Oder: Wie wirkt sich zum Beispiel ein Cocktail aus verschiedenen Pflanzenschutzmitteln am Ende aus? Wie verbreiten sich Pestizide in Landwirtschaft, Dörfern, Naturparks und Städten? Mit welchen Wirkungen von Giftstoffen ist bei der Ernährung der Menschen, beim Absterben von Tieren und Pflanzen und bei Wetter und Klima zu rechnen? Überall profunde Ignoranz! Auch bei Einwirkungen auf Allergien, Drogensucht, Fehlbildungen, Fehlverhalten tappt man vielfach (noch) im Dunkeln.

Vermutlich wird man die Ursache-Wirkungs-Zusammenhänge nie restlos aufklären können. Wohl oder übel muss man sich mit annähernden Aussagen zufrieden geben. Wissenschaftliche Expertise kann zwar flankierend helfen. Für Richtungsentscheidungen sind in Demokratien aber politische Gremien mit Wahlen (über Personen) und Abstimmungen (über Sachen) zuständig. Dort ist die Zulassung von Stoffen, Verfahren und Produkten sowie deren Einsatz und Inanspruchnahme zu entscheiden. Wie restriktiv sollen Klimaauflagen für den Straßen-, Eisenbahn-, Schiffs- und Flugverkehr erfolgen? Welche Antriebsstoffe dürfen verwendet und präferiert werden? Von welchem Maßnahmenmix an Auflagen und Appellen, Ge- und Verboten, finanziellen Anreizen und Abschreckungen kann man sich Erfolge versprechen? Wie wird die Wirtschaft technologisch tangiert? Wie verändert sich das Preisniveau?

Mit diesen Fragestellungen gleitet man zu Finalanalysen über. Bei ihnen wird danach gefragt, wie das beabsichtigte Ziel (z. B. die Klimaneutralität) am besten erreicht werden kann. Hier sind Zweck-Mittel-Beziehungen zu ergründen. Im heutigen Sprachgebrauch will man möglichst effizient (leistungsfähig und zweckmäßig) und damit effektiv (zielorientiert und wirksam) sein.

Ziele zu setzen und durchzusetzen, ist ein äußerst kompliziertes Unterfangen. Es geht ja nicht nur um Verfahrensziele, also Schadstoffausstoß zu reduzieren und daraus sich ableitende Gefährdungen zu verringern oder ganz zu vermeiden. Vielmehr sollen erwünschte Zustände erreicht werden, die großenteils miteinander in konkurrierender oder komplementärer Beziehung stehen, als Ober- und Unterziele und weitere Teilziele hierarchisch zu klassifizieren sind und denen unterschiedliche Bedeutung oder Gewichtung zukommt. Die Gewichtung suggeriert die Möglichkeit quantitativer Erfassung, was aber tatsächlich nur mäßig gelingt. Es überwiegen – wie eingangs angedeutet – vielfach imponderable Sachziele sowohl auf politischer (legislativer und administrativer) Ebene als auch auf der Ebene der Unternehmen und Bürger.

Angenommen, die Luftverschmutzung durch den Betrieb von Fahrzeugen mit Feinstaub, Stickstoffdioxid, Ozon und zusätzlichen Schadstoffen trägt zu verschlechterter Lungenfunktion, Infektionen der Atemwege, Asthma, Lungenkrebs, Herzinfarkten und Schlaganfällen bei, letztlich zu verfrühten Todesfällen und damit verlorenen Lebensjahren, dann ist die Politik gefordert, Abhilfe zu schaffen. Leichter gesagt als getan! Es gilt Annahmen zu treffen und gesundheits-, umwelt- und verkehrspolitische Ziele abzuwägen. Kontroverse Auseinandersetzungen sind zwischen Systemverfechtern und Antagonisten programmiert. Will sagen: Die Einen wünschen die obwaltenden Gegebenheiten behutsam an die Herausforderungen anzupassen, während die Anderen für radikale Änderungen von Einstellungen und Verhaltensweisen, Strukturen und Prozessen eintreten.

Auf der Ebene von Unternehmen und Bürgern setzen sich diese Differenzen fort. Hier konkretisieren sie sich in Herstellkosten und Verkaufspreisen. Die politischen

Restriktionen bilden dann eine der Ursachen für Preissteigerungen. Umweltverträglichere Produktion und abgasärmere Kraftfahrzeuge beispielsweise haben ihren höheren Preis! Bei den meisten Bürgern löst das zwei Reaktionen aus: Sie kaufen ein, soweit sie über Geld verfügen, oder kaufen nicht ein aus Gründen mangelnder Kaufkraft oder Vorbehalten gegen Herstellung und Nutzung von Produkten. Bei den Käufern lassen sich wieder zwei Effekte registrieren. Eine Gruppe nimmt das Produkt voll in Anspruch, die andere Gruppe schont dessen Einsatz bzw. erlegt sich einen Verzicht auf und nutzt es nur teilweise.

Die Konflikte ufern aus, wenn politische Vorgaben bzw. arbeits- und umweltrechtliche Restriktionen fehlen. In der globalen Wettbewerbswirtschaft peilen Unternehmen gern Niedriglohnländer und Regionen mit geringen Umweltstandards an. Unternehmen können auf diese Weise unter anderem billige Edelhölzer, Mineralien, Textilien und Kinderspielzeug, ständig Gemüse, Früchte und Blumen, auch preiswerte Ferienreisen, anbieten – ohne sich bisher kaum den (Umwelt-)Wirkungen in diesen Staaten stellen zu müssen. Viele Verbraucher schätzen die preiswerten Offerten und ignorieren den Ursache-Wirkungs-Konnex. Von ihm nehmen sie entweder keine Kenntnis oder vernachlässigen ihn, weil sie ihn nicht verstehen oder nicht verstehen wollen. Gewiss bringen die gewerblichen Aktivitäten Vorteile für viele Personen, Unternehmen, Städte und Staaten (manchmal nur für einige Führungsschichten) hervor. Doch die Kehrseite ist nicht minder evident in den Entwicklungsländern mit Ausbeutung, Krankheiten, Bildungsmängeln, Unfallgefahren, Raubbau, Verarmung, Kinderarbeit usw.

7

Nutzen und Schaden: Das Indikationsproblem

Nicht die Fakten sind wesentlich, sondern die Vorstellungen, die sich die Menschen von den Fakten machen. Ob der technische Fortschritt nützlich oder schädlich ist, zeigt die Produktion von Waffen mit dreigeteilter Wirkung. Abgesehen von lukrativen Geschäften bzw. Unternehmensrenditen schützen sie erstens, verleiten zweitens zur Aggression und können drittens auch zerstören.

Nehmen wir ein weniger martialisches Exempel: den Bau und Betrieb eines größeren Staudamms. Mit welchen Errungenschaften und Wohlstandssteigerungen wird er bedacht! Rein betriebs- und marktwirtschaftlich betrachtet, eröffnet er Investitionen, bietet Beschäftigung und Einkommen, erzielt Erlöse durch Energieerzeugung, -verteilung und -verwendung und sorgt für Steuereinnahmen. Darüber hinaus fördert der Staudamm mittelbar Handwerk, Industrie, Handel, private und öffentliche Dienstleistungen Land- und Forstwirtschaft, nicht

P. Eichhorn, *Die Outcome-Impact-Methode*, https://doi.org/10.1007/978-3-658-35141-0_7

zuletzt auch Bildung, Kunst und Wissenschaft. Diesen nutzenstiftenden Outcome können allerdings negative externe Effekte begleiten. Geschichtsträchtige Werke und kulturelle Werte werden vielleicht vernichtet sowie soziale und ökologische Schäden hervorgerufen. Gegebenenfalls versinken historische Stätten und Brauchtum, fallen Ernährungsgrundlagen betroffener Anrainer weg, gehen bebaute und genutzte Flächen verloren, entstehen Bodenabtragungen, werden alte Bewässerungsanlagen geschleift, Landschaft und Natur angegriffen, Wetter und Klima in Mitleidenschaft gezogen.

Kurz gesagt: Dem technischen Fortschritt und unternehmerischen Erfolg stehen diverse (außermarktliche) Defizite gegenüber. Es reicht nicht aus, den Output in Form kaufmännischer Erlöse anzuzeigen. Es müssen auch die vom Staudammprojekt ausgehenden positiven und negativen externen Effekte einbezogen werden.

Mit Hilfe von Nutzen-Kosten-Untersuchungen bemüht man sich über betriebswirtschaftliche Kosten- und Erlösrechnungen hinaus die volkswirtschaftlichen Wirkungen zu erfassen. Im Vordergrund stehen dabei Beschäftigungs-, Einkommens-, Wachstums-, Innovations- und Inflationseffekte. Zusätzlich bedarf es erweiterter Wirkungsrechnungen, die außer- bzw. metaökonomischen Outcome und Impact berücksichtigen. Zu denken ist insbesondere an individuelle, gesellschaftliche und ökologische Konsequenzen. Die erste Hürde besteht – wie erwähnt – darin, den Kausalnexus zwischen Aus- und Einwirkungen festzustellen. Zweitens sind die jenseits von Marktvorgängen und Abgabenzahlungen resultierenden Nutzen und Schäden hinsichtlich Art, Umfang und Güte möglichst zu quantifizieren und drittens – soweit eine Chance besteht – in Geldeinheiten zu bewerten.

Der weiter oben genannte generische Ansatz sortiert die von positiven oder negativen externen Effekten

Betroffenen (Personen, Institutionen, Gruppierungen und Natur) und fragt nach dem (quantitativen) Ausmaß samt der (qualitativen) Eigenschaften der Betroffenheit. Bei der Quantifizierung ist wesentlich, den räumlichen und zeitlichen Umfang von Nutzen und Schaden zu ergründen. Wählen wir zur Konkretisierung medizinische Leistungen aus. Arztpraxen, Krankenhäuser, gesetzliche und private Krankenversicherungen setzen Personal, Kapital, Material, Energie, Dienste und Rechte ein, um Diagnosen und Therapien zu erstellen und zu indizieren, etwa wie viele Labortests, Röntgenaufnahmen, Computertomographien, Impfungen, Operationen, Entbindungen usw. durchgeführt werden. Nachweise erbringen die Kosten und Erlöse.

Außer diesen Input- und Outputindikatoren sind die Wirkungshinweise von grundlegender Bedeutung. Als Outcome-Indikatoren kommen zum Beispiel in Betracht die Anzahl geheilter ambulanter und stationärer Patienten, die Anzahl vermiedener Infektionen, der Immunitätsstatus, Verhaltensänderungen durch Kenntnis von Infektionswegen, Komplikationsraten, Belegungszahlen, der Case-Mix-Index usw. Den Impact spiegeln wider Morbiditätsraten (Anzahl der Erkrankungen), Inzidenzwerte (Anzahl der Neuerkrankungen), Prävalenzraten (Krankheitshäufigkeit), die Reduktion oder gar Ausrottung von Krankheiten, Lebenserwartungs- und Mortalitätsraten (z. B. auch die Säuglingssterblichkeit).

Es ist ein großer Rechenschritt, solche individuellen und institutionellen Wirkungsbeziehungen gegebenenfalls auf lokaler, regionaler, nationaler, kontinentaler und globaler Ebene zu aggregieren. Bei Epidemien und Pandemien scheint das unerlässlich. Umso mehr muss man mit Bedauern feststellen, dass weder der Gesundheitsstatus von Bevölkerungsgruppen hinreichend dokumentiert wird noch die Wirkungen auf Wirtschaft,

Gesellschaft, Kultur und Natur plausibel analysiert werden. Die Coronavirus-Pandemie der Jahre 2020 bis heute hat deutlich gemacht, wie wenig wir wissen, vor allem welche Maßnahmen notwendig sind, um beispielsweise Kaufkraft zu erhalten, Insolvenzen zu vermeiden, Demokratien zu stabilisieren, Freiheit zu gewährleisten, Kunst, Literatur, Musik und Theater zu erhalten, Natur nicht zu vereinnahmen bzw. Schöpfung nachhaltig zu bewahren.

Ausgehend von Input und Output, das heißt von Ressourceneinsatz und erstellter Leistung, empfiehlt sich die Eingrenzung der Wirkungen auf Begünstigte oder Belastete. Das können Käufer, Nachbarn, Antragsteller, Beschäftigte, Verkehrsteilnehmer, Studierende, Gemeinwesen, Fauna und Flora, Klima usw. sein. Für die Wirkungsmessung behilft man sich mit der Untersuchung unter anderem der Bedarfsdeckung, Gesundheitserhaltung, Anziehungskraft oder Antipathie, Wertschätzung, Unfallgefahren, der sauberen oder unreinen Luft, Lärmintensität, beanspruchten Natur, Arbeits- und Zeitaufwendungen. Hier werden Mengen und Merkmale aufzunehmen versucht (mit den eingangs geschilderten Schwierigkeiten des Messens und Einschätzens diverser Qualitätskategorien). Natur- und technische Wissenschaften, Medizin, Lebenswissenschaften, Human-, Rechts-, Sozial- und Wirtschaftswissenschaften müssen gemeinsam mit einem integrativen Ansatz aufwarten und Aus- und Einwirkungen zu erforschen trachten.

Bei der Monetarisierung der Effekte leisten die Wirtschaftswissenschaften mit dem Zahlungsbereitschaftsansatz (engl. willingness to pay) einen Beitrag. Auf geschickte (nicht plumpe) Art und Weise werden Personen als Nutznießer oder Leidtragende befragt, wieviel sie zu zahlen bereit sind, um nicht entgeltliche Leistungen (z. B. durch Errichtung einer Lärmwand) zu erlangen

oder störende Tätigkeiten (z. B. durch Schatten werfende
Bauten) abzuwehren. Hierher gehören auch Absatz- und
Beschaffungsrenten. Sie kommen bei Unternehmen zur
Anwendung. Absatzrente bezeichnet den Geldbetrag, den
ein Kunde über den Marktpreis hinaus zu zahlen bereit
wäre, bevor er auf den Kauf des Produktes verzichtet. Er
schätzt den Nutzen des Gutes also höher ein als den Kaufpreis, anders gesagt: das Unternehmen stiftet einen den
Marktpreis übersteigenden Nutzen. Die Beschaffungs-
rente ist der Geldbetrag, den ein Unternehmen beispielsweise über die Löhne hinaus zu zahlen bereit wäre, bevor
es auf Mitarbeiter verzichtet. Es schätzt den Nutzen der
Mitarbeiter also höher ein als es zahlt, anders gesagt: das
Unternehmen hält dem Produktionsfaktor diesen Wert
vor.

Selbstverständlich sind die Antworten auf die Preis-
frage von zahlreichen Bedingungen (Alter, Geschlecht,
Gesundheitsstatus, soziale Schicht, Einkommens- und
Vermögensverhältnisse, Örtlichkeit und Zeitrahmen,
Perspektiven, Charaktereigenschaften, Einstellung
und Verhaltensweisen) abhängig. Plausible Annahmen
müssen auch getroffen werden über Zuordnungen,
Nachfrageelastizitäten, Intensitätsgrade, Redundanzen,
Zinsen, Zeitdauern und Reichweiten. Es dürften aber
schon mit Annäherungen, Pauschalen und Durchschnitts-
bildungen weiterführende Informationen gewonnen
werden.

Das trifft auch für andere Methoden zur Bewertung
von Nutzen und Schaden zu. So errechnet man die ein-
gesparten Kosten bei Dritten als Maß für den erlittenen
Schaden. Oder man misst verringerte Personen- und
Sachschäden aufgrund verbesserter Qualitätssicherung,
Gewährleistung und Versorgungs- und Verkehrssicherung
bzw. umgekehrt erhöhte Personen- und Sachschäden aufgrund von Emissionen, die mit Produktion und Nutzung

von Produkten verbunden sind. Ein weiteres Bewertungsverfahren besteht darin, aus Marktveränderungen (z. B. gestiegene Grundstückspreise oder Geschäftsumsätze einerseits, gesunkene Wohnungsmieten oder nachlassende Umsätze andererseits) Vermögenswertsteigerungen bzw. Vermögenswertminderungen (z. B. bei benachbarten Gebäuden) abzuleiten. Schließlich können positive und negative externe Effekte mit Hilfe von Schattenpreisen bzw. Alternativkosten abgeschätzt werden. Man setzt fiktive Preise für Leistungen (z. B. Eintritt in einen Stadtpark) an, die nicht über Märkte an die Abnehmer gelangen, oder man erfasst den entgangenen Nutzen, der dadurch entsteht, dass die verwendeten Ressourcen nicht anderswo eingesetzt werden konnten.

Soweit sich Nutzen und Schaden nicht monetär abbilden lassen, kann man Kostenwirksamkeitsanalysen bemühen. Während man die Kosten im Sinne betrieblichen Wertverzehrs und außerbetrieblicher Minuspunkte oft noch einigermaßen ermitteln kann, entziehen sich die Nutzen gern der genauen Messung. Je nach Zielsystem und Gewichtung der einzelnen Ziele legt man Wirksamkeitsmaßstäbe für den Nutzen an. Die Kosten der Straßenreinigung werden beispielsweise in Beziehung gesetzt zur erwünschten Gesundheitspflege, Sauberkeit und Schönheit. Da solche Ziele häufig unterschiedliche Dimensionen aufweisen, bepunktet man sie und untersucht, mit welchen Kosten die Punkte erreicht werden. Ergebnis ist eine Rangfolge. Als optimal empfiehlt sich die Alternative mit dem kleinsten Kostenwirksamkeitsquotienten.

Um ein gleichnamiges Sammelziel zu erhalten, wird in der Nutzwertanalyse eine Zielhierarchie mit Ober- und Unterzielen konstruiert. Knotengewichte stellen den Bezug zum nächsthöheren Ziel und Stufengewichte den Bezug zum Sammelziel her. Die Auswirkungen der Maßnahmen misst man mittels Indikatoren. Am Ende wird ein Gesamtwert für jede Alternative aus der gewichteten Summe von Einzelwerten und damit der Outcome bzw. die Effektivität errechnet.

Wirkungsanalysen sollen zwei Zielen dienen: zu erkennen, was den Allgemeinnutzen mehrt und inwieweit Ungüter ihm schaden. Da man weder den Allgemeinnutzen, das Wohl oder die Wohlfahrt exakt zu bestimmen vermag noch den durch Ungüter hervorgerufenen Schaden genauer kennt, gilt es, plausible Annahmen letztlich über Lebenserwartung der Menschen und Erhaltung der Natur zu treffen. Den gegenwärtigen Stand des Wissens liefern die Wissenschaften, deren teils konforme, teils konträre Erkenntnisse in kommunikativen und iterativen Prozessen zu konsensualen Wertungen zu konkretisieren sind. Der generische Ansatz hilft weiter, indem man induktiv (d. h. aus empirisch beobachteten Tatbeständen generelle Aussagen ableitet) oder deduktiv (d. h. aus gesetzten Prämissen logische Folgerungen zieht) in überschaubaren Bereichen beginnt und die Zusammenhänge dann weitet.

Der Informations- und Argumentationsbedarf ist riesig. Von wirtschaftswissenschaftlicher Warte aus interessieren empirische und logische Tatsachenerkenntnisse sowie Geltungs- und Gestaltungszusammenhänge, insbesondere im Hinblick auf Arbeits- und Verhaltensstudien, Produktions- und Logistikprozesse, Schadstoffausstoß und Kreislaufwirtschaft (mit betriebsinternen und äußeren Kreisläufen). Mit dem Sammeln, Aufbereiten und Verwerten interdisziplinärer Daten und Aussagen können zwar keine perfekten Entscheidungen getroffen werden, aber eine rationale Unterstützung bei der Entscheidungsfindung trotz komplexer Probleme wird doch möglich. Im Unterschied zu den Naturwissenschaften, die ihre Aussagen auf exakte Naturgesetze stützen können, bemühen sich Betriebs- und Volkswirtschaftslehre um das Entdecken von Regelmäßigkeiten, im Idealfall eruieren sie Gesetzmäßigkeiten.

Für ganzheitliche Wirkungsanalysen muss man die disziplinär gewonnenen Erkenntnisse aufgreifen und verwenden. Von ökonomischem Interesse bei Produktion und Produkten sind zum Beispiel Art, Menge und Besonderheit von positivem oder negativem Outcome und Impact für Menschen und Natur. Als Informationsquellen der Praxis kommen für wirtschaftliche Wirkungsanalysen beispielsweise in Betracht: Erfahrungen, Kausal- und Finalanalysen, Zählungen, Statistiken, Anhaltszahlen, Personalschlüssel, DIN-Standards, Intensitätsgrade, Redundanzen, Zinssätze, Zeitdauern, Reichweiten, Rechnungskategorien, Kennziffern, Bewertungen, Mietspiegel, Versicherungshöhen, Schmerzensgeldbeträge, gesetzliche Werte, Fristen, Kataster, Marktinformationen, Lebenserwartungsdaten, Wetterdaten und Klimawerte.

Das Feststellen von positiven und negativen externen Effekten beginnt – wie gesagt – mit den Zielsetzungen, seien sie einzel- oder gesamtwirtschaftlicher Art. Oder sollen sozial freundliche und/oder ökologisch verträgliche Zustände angestrebt werden? Wie im militärischen Bereich ist im zivilen Verfahren zunächst die Ausgangslage zu prüfen. Mit ihr schafft man die Voraussetzungen für sinnvolles Planen, Entscheiden und Überwachen. In Zeiten verunsichernder Fake News ist wesentlich, zwischen Tatsachen und Vermutungen und Fehlmeldungen zu unterscheiden. Oft schleichen sich auch Übertreibungen, Gerüchte und Verleumdungen ein, die man entlarven muss. Dasselbe trifft für gezielte Desinformationen zu.

Am Ende der Lagebeurteilung steht der notwendige oder unnötige Handlungsbedarf. Ist Bedarf vorhanden, sind entsprechend der Zielsetzungen Handlungsalternativen zu planen. Fehlen Preisinformationen bzw. lassen sich Aus- und Einwirkungen nicht monetarisieren, müssen Bewertungspunkte nach Art der Nutzwertanalyse herhalten und monetäre und nicht monetäre Angaben kombiniert werden. Dabei können sich subjektive Werturteile einschleichen, sodass auf objektive Begründungen besonders zu achten ist. Soweit nicht monetäre Aspekte nicht monetarisiert und auch nicht mit monetär erfassbaren Effekten verbunden werden können, sollte man die Zahlungsgrößen und Nutzen-/Schadenwerte nebeneinander ausweisen und zueinander in Beziehung setzen. Die Entscheidungen beruhen dann nicht auf formalen Kalkülen, sondern auf sachlichen Schätzungen und persönlichen Perspektiven. Deshalb haben die Entscheidungsträger die Ergebnisse zu verantworten und Vertrauen zu bilden.

Es gibt keine eindeutigen Antworten auf die Fragen, wem Maßnahmen nutzen und wem sie schaden und in welchem Ausmaß das geschieht. Wählen wir ein Beispiel aus dem Alltag. Ein Schuhgeschäft will seinen Standort von einer Nebenstraße in eine I a-Lage verlegen. Die zu zahlende Miete, die bisher ein günstiges Erlös-Kosten-Verhältnis und eine angemessene Rendite aufwies, verdoppelt sich. Der Geschäftsinhaber überlegt, ob und inwieweit die Mietsteigerung die erwarteten positiven Wirkungen rechtfertigen. Der Umzug soll zum einen außer einer besseren Verkaufslage und der benötigten Fläche eine qualitätsvolle Einrichtung und ein technisch anspruchsvolles Flair aufweisen, zum andern den Kunden guten Zugang gewähren und für Käufer, Mitarbeiter und Inhaber prestigeträchtig sein. Vielleicht fehlt ein fußläufig erreichbarer Parkplatz, der nutzenmindernd wirkt. Für den Erfolg der Umsiedlung sind die Nutzenstiftung, genauer nach Abzug negativer Effekte ein Nettonutzen, und letztlich der kaufmännische Erfolg ausschlaggebend.

Das Nebeneinander von Markterfolg und Nutzenstiftung, die weitgehend imponderabel und deshalb schwierig zu monetarisieren ist, kann auch schädliche Wirkungen auslösen. Smartphones, Twitter und sog. social media haben den Gründern, Eigentümern und Betreibern von Kommunikationsplattformen höchste Gewinne eingebracht. Der Outcome an Informationsverbreitung ist immens. Allerdings werden dabei private Daten in großem Stil unmerklich abgeschöpft und über Algorithmen verwertet. Der Impact bedroht die Privatsphäre, wenn für ein Produkt geworben wird, das gerade gekauft wurde, oder über eine Fotosharing-App Bekannte durch Gesichtserkennung vernetzt werden und die Anonymität leidet.

Man muss nicht an das Theaterstück von Max Frisch „Biedermann und die Brandstifter" erinnern, um wahrzunehmen, dass sich Menschen von Gutem leiten lassen, zum Beispiel scheinbar nutzwertige (Outcome-)Angebote nachfragen, obwohl sie ihnen (Impact-)Schaden zufügen. Übermäßiger Alkoholkonsum, hemmungsloses Rauchen und ungebremste Fresssucht stehen in der Wohlstandsgesellschaft dafür exemplarisch. Im Zeitalter des Barock galt eine vornehme Blässe als attraktiv und man wandte dafür wissentlich giftiges Bleiweißpuder an. Vermeintlichen Nutzen und gesundheitlichen Schaden richten manche Mineralien und synthetischen Stoffe bis heute in der Kosmetik an. Talkum kann Asbest enthalten und sollte nicht eingeatmet werden, weil es möglicherweise krebserregend sein könnte. Ähnlich verhält es sich mit Titandioxid, das als weißes Pigment in Pulverform Lebensmitteln beigemischt wird oder dem Sonnenschutz dient.

Gesundheit und Wohlgefühl des Menschen hängen stark von einer intakten Natur ab. Es verwundert nicht, dass man wissen möchte, wie sich die Beziehungen zwischen Mensch und natürlichen Lebensgrundlagen entwickeln. Primär interessiert, welche menschlichen Aktivitäten der Natur nutzen oder schaden. Besonders dem Schaden gilt insofern die Aufmerksamkeit, als er eine nachhaltige Entwicklung stört, indem er die Bedürfnisse der gegenwärtigen Generation deckt und die Bedürfnisse künftiger Generationen vernachlässigt. Die Wissenschaften können derzeit nicht einmal nachweisen, ob Schäden an Fauna, Flora, Wetter und Klima menschen- und/oder naturbedingt sind. Vermutlich üben beide Ursachen Einfluss aus; nur kennt man nicht deren Anteile.

Inzwischen wird einer sekundären Frage nachgegangen: Wie hoch ist der Wert der Natur für den Menschen? Stichwort: Ökosystemdienstleistungen. Was leistet die Natur für den Menschen? Welcher Art sind die schätzungsweise zwei Dutzend Ökosystemdienstleistungen wie Wälder als Kohlenstoffspeicher und Speicher für sauberes Trinkwasser, oder Landschaft für die Naherholung und Lebensraum für lokale Tier- und Pflanzenarten? Eigentlich ist die Natur für den Menschen unendlich wertvoll. Dennoch wird der von der Natur gestiftete Nutzen regelmäßig mit Null kalkuliert. Ökologische Kosten gehen hingegen öfters in Rechnungen ein. Das liegt wohl daran, dass Menschen ganz generell auf Gefahren und andere negative Einwirkungen stärker reagieren. Für umweltpolitische und unternehmerische Entscheidungen sollten aber Zahlen zur Verfügung stehen – zumindest Mengen- und Qualitätsangaben, unter Umständen sogar Geldwerte.

Die oben als Indikator angesetzte Zahlungsbereitschaft zur Gewinnung individueller Vorteile und zur Verhinderung individueller Nachteile lässt sich auch hinsichtlich kollektiver Nutzen oder Schäden anwenden. „Wie viel sind Sie als Bürger zu zahlen bereit, damit das Abholzen des Regenwaldes in Brasilien gestoppt wird?" Trotz der schon oben genannten Schwächen dieser

Methode ist sie imstande, Tendenzen offenzulegen und nahezulegen, dass Umweltleistungen und Umweltbelastungen von essentiellem und existenziellem Belang sind. Viele Menschen begrüßen dann wohl eher – um im Bild zu bleiben – Maßnahmen gegen die Abholzung von Wald und die Umwandlung von Wald in Agrarflächen zum Anbau von vorwiegend Sojabohnen für die Verfütterung und Aufzucht von Tieren als Fleischlieferant für kaufkräftige Teile der Menschheit.

Doch auch diese landwirtschaftlichen und kommerziellen Interessen geschuldete Konversion wird nicht ungeteilt begrüßt. Die Ansichten über Naturschutz, Agrarpolitik, Düngung, Freisetzung von Kohlen(stoff)dioxid, Einsatz von Pestiziden und über Tierschutz liegen weit auseinander. Landwirte, Bauernverbände, Umweltschützer, Industrie, Handel und Wissenschaft tun sich schwer, ein Leitbild für die Land- und Forstwirtschaft der Zukunft zu entwerfen. Konträr stehen sich gegenüber: Wettbewerb, Wirtschaftlichkeit und Rentabilität, also Input-/Output-Kategorien einerseits, Nutzen-/Schadenwirkungen andererseits.

8

Haupt- und Nebenwirkungen: Das Risikoproblem

Vor der Einnahme von Arzneimitteln wird häufig mit folgendem Text gewarnt: „Zu Risiken und Nebenwirkungen lesen Sie die Packungsbeilage und fragen Sie Ihren Arzt oder Apotheker." Übertragen auf die externen Effekte, sollte es heißen: „Zu den Haupt- und Nebenwirkungen risikoreicher Maßnahmen konfrontieren Sie Politik, Regierung und Gesetzgebung." Ihnen ist im sozialen Rechtsstaat, der sowohl die Grundrechte natürlicher und juristischer Personen als auch die natürlichen Lebensgrundlagen schützt, die Problembewältigung anvertraut. Aufgepasst, es geht um die vernünftige Erfüllung öffentlicher Aufgaben, nicht um eine verstandeslogische Optimierung. Eine solche – womöglich mathematisch modelliert – gibt es nicht und kann es wahrscheinlich nie geben. Denn im Kontext von Outcome und Impact eint Haupt- und Nebenwirkungen ein Kuppeleffekt.

P. Eichhorn, *Die Outcome-Impact-Methode*, https://doi.org/10.1007/978-3-658-35141-0_8

Bekannt ist das unlösbare Problem von Kuppelproduktion und Kuppelprodukten. In einem Arbeits-
schnitt entstehen naturwissenschaftlich oder technologisch
bedingt zwangsläufig zwei oder mehrere unterschiedliche Güter. Aus Erhitzung und Verdichtung beispielsweise von Erdöl in Raffinerien rühren Teer, Öl, Benzin
und Gas her. Eine denkrichtige Zuordnung von Kosten
nach dem Verursacherprinzip ist ausgeschlossen. Mittels
Hilfsgrößen (etwa Mengen, Heiz- oder Kalorienwerte)
wird zwar kalkuliert, um zu Verkaufspreisen zu gelangen.
Diese sind aber auch von der Wettbewerbssituation
abhängig. Letztlich – und das ist für unsere Fragestellung
bedeutsam – findet bei jeder industriellen Produktion
oder anderweitigen Tätigkeit in einer weiten Auslegung
Kuppelproduktion statt. Das Ergebnis der Betätigung, der
Output in Form von Sachgütern oder Dienstleistungen,
zielt auf vorteilhafte Hauptwirkungen und hofft keine
nachteiligen Nebenwirkungen hervorzurufen. Arzneimittel sollen Krankheiten heilen oder lindern, Dünger soll
Pflanzenwachstum anregen, Lastkraftwagen Güter transportieren, Unterricht Schüler ausbilden usw. Doch den
Chancen stehen Risiken gegenüber. Arzneimittel haben
schon zu Missbildungen, Dünger zu sauren Böden, Autos
zu Lärm, Luftverunreinigung und Unfällen, Unterricht zu
fehlgeleiteten Kenntnissen geführt.

Risiken sind ein ständiger Begleiter von Wirkungen.
Weniger bei Hauptwirkungen, denn dafür ist ja das
Produkt gedacht, sondern eher bei Nebenwirkungen.
Diese können zwar auch mit Chancen verbunden sein.
Häufiger sind sie aber risikobehaftet. Während die im
Input- und Output-Bereich vorhandenen betrieblichen
und finanziellen Risiken mit Hilfe von Erwartungs-
werten und Bewertungsskalen für mögliche Eintritts-
wahrscheinlichkeiten und Schadenshöhen aufgefangen
werden, liegt das Risikopotenzial von Nebenwirkungen

im externen Bereich (also außerhalb von Markt- und Zahlungsvorgängen) oft im Dunkeln. Man denke nur an das Unglück mit der Schädigung des ungeborenen Kindes durch Contergan, an die Unbill mit explosiven Lithium-Batterien, an den die Ozonschicht in der Stratosphäre zerstörenden Fluorchlorkohlenwasserstoff (FCKW) oder an Glyphosat-Düngemittel, die krebserregend sein sollen. Wüsste man im Voraus Bescheid, dürfte ein Produkt mit diesem negativen Kuppeleffekt gar nicht hergestellt und auf den Markt gebracht werden.

Vor allem bei Arzneimitteln sorgen sich pharmazeutische Hersteller, Ärzteverbände, Gesetzgeber und Gemeinsamer Bundesausschuss (das höchste Gremium der Selbst-verwaltung im deutschen Gesundheitswesen mit Ent-scheidungskompetenzen für Medikamentenzulassungen) um die Eingrenzung von Risiken. Wie wirkt sich ein Medikament hinsichtlich qualitativer Eigenschaften, Dosierung und Verabreichung auf die Verbesserung der Gesundheit einer Person oder Patientengruppe aus? Wird die erstrebte Hauptwirkung mit welchen positiven oder negativen Nebenwirkungen erzielt? Aller Erfahrung nach bleibt bei der Risikoabschätzung ein gewisses Maß an Unsicherheit vorhanden. Nicht umsonst werden den Medikamenten seitenlange Gebrauchsinformationen bei-gelegt, die bei der Anwendung zu beachten sind. Häufig liest man über die Unverträglichkeit der Arznei mit Nahrungsmitteln und Getränken, ob Schwangerschaft, Stillzeit und Fortpflanzungsfähigkeit betroffen werden, dass Nebenwirkungen in Bezug auf Verkehrstüchtigkeit und Fähigkeit zum Bedienen von Maschinen vorkommen können, mit Schwindel- und Schwächegefühl, Über-empfindlichkeitsreaktionen und allergischen Reaktionen zu rechnen ist. Aus Vorsichtsgründen werden mögliche Nebenwirkungen nach ihrer Häufigkeit gruppiert, sodass man erfährt, wie oft oder selten sie zehn, hundert oder tausend Behandelte betreffen.

Wohl aus Haftungsgründen, aber auch aus Anlass pfleglicher Behandlung, geben Fabrikanten von Maschinen,
Fahrzeugen, Geräten und Werkzeugen mögliche Risiken
bei der An- oder Verwendung ihrer Produkte an. Es wird
darauf hingewiesen, dass bei unsachgemäßem Gebrauch
Explosionsgefahren,   Energieschwankungen,   Giftfreisetzungen, Lärmbelästigungen usw. bestehen können.
Um der (positiven) Hauptwirkung willen und um etwaige
(negative) Nebenwirkungen nicht auszulösen, bieten
Hersteller und Händler Benutzungshinweise, Wartungsdienste und Instandsetzungsmaßnahmen an.

Damit erst gar keine nachteiligen Nebenwirkungen
entstehen, wird in der Erziehung von Kindern
und Jugendlichen Bedacht auf deren Entwicklung
genommen. Gefährdende Druckerzeugnisse, Filme, andere
Informations- und Unterhaltungsmittel werden verbannt,
zumindest so aufbereitet, dass sie weder zu Übermut noch
zu Unheil animieren.

Der wiederholt empfohlene generische Ansatz taugt
auch bei der Risikoeinschätzung. Die mit Outcome und
Impact zusammen auftretenden Risiken lassen sich klassifizieren, ob sie eventuell „hausgemacht" sind, also dem
Produkt anhaften und bei dessen Nutzung entstehen,
oder von dritter Seite herrühren. Wie bei Arzneimitteln
wird man zunächst Risiken für Individuen in den Blick
nehmen. Fördern bestimmte Lebensmittel Fettleibigkeit, Zuckerkrankheit oder Suchtverhalten? Vergiften
Plastikabfälle Tier und Mensch? Wecken Filme und
andere Medien kriminelle Energie? Lockt das Internet
mit brutalen Filmen und aggressiven Spielen zum Nachahmen? Sind Wutausbrüche und Hassparolen im Netz
dessen Anonymität geschuldet?

Generisch betrachtet bzw. mit dem Blick auf die
Gattung, wird man danach fragen, welche Personengruppen von riskanten negativen Nebenwirkungen

gesundheitlich oder in Bezug auf Bildung und Benehmen besonders betroffen sind. Zieht man den Kreis für Nebenwirkungen weiter und verallgemeinert man ihn, kann man Risiken aggregieren. Dann werden aus individuellen Nebenwirkungen kollektive, die sich zum Beispiel in Adipositas, Diabetes-Typ 2 oder anderen Krankheiten mit hohen Anteilen in der Bevölkerung niederschlagen.

Die aus Kauf und Nutzung eines Produkts etwaige resultierenden Risiken lassen sich auf verschiedene Bereiche übertragen. Außer bei der exemplarisch erwähnten Gesundheit, Ernährung und medialen Unterhaltung ist der Risikoaspekt noch bei anderen Lebensbereichen zu beachten. Man denke nicht nur an Unternehmensprozesse und Marktvorgänge und an die mit ihnen gekoppelten Effekte. Denkbar ist, dass sich Nebenwirkungen auch einstellen, wenn die Hauptwirkung nicht mit einem zu kaufenden Produkt erzielt werden soll, sondern von nicht entgeltlichen Maßnahmen herrührt. Beschließt beispielsweise ein Stadtrat die Umwandlung einer Straße in eine Einbahnstraße, um als Hauptwirkung eine Verkehrsberuhigung zu erreichen. Damit können Nebenwirkungen verbunden sein. Vielleicht werden die Wohnungen entlang der verkehrsberuhigten Einbahnstraße wertvoller, Ladengeschäfte erzielen hingegen weniger Umsatz(erlöse). Das Risiko erfasst auch Betreiber der Geschäfte und Eigentümer der Anraineranwesen. Vor Risiken stehen ebenso benachbarte Straßen, die zusätzlichen Verkehr verkraften müssen, und die Straßenanlieger. Diese Risiken können sich wirtschaftlich auswirken oder/und Gesundheitsrisiken umfassen, hervorgerufen durch mehr Luftverunreinigung und Lärm.

Der Verkehrsbereich bietet verwandte Fälle zuhauf. Straßen, Brücken, Tunnels und Plätze werden gebaut, Grundstücke erschlossen und von zahlreichen wirtschaftlichen, logistischen, touristischen, medizinischen, physischen und psychischen Nebenwirkungen – teils positiver, teils negativer Art – begleitet. Wegen mangelnder Verwaltungskraft wurden (Zwerg-)Schulen geschlossen, Ämter zentralisiert, kleine Kommunen eingemeindet. Die guten Gründe werfen allerdings auch Schatten. Einwohner müssen längere Wege in Kauf nehmen, Behördenkontakte fallen schwerer, Schüler pendeln mit Bussen, Straßenverkehr nimmt zu, die alte Ortsmitte verwaist, bei manchen eingesessenen Bürgern mag die Vergangenheit schwinden, unter Umständen leiden Heimatgefühl und Identität.

Für die Intensivierung der interkommunalen Zusammenarbeit oder die Subventionierung von Branchen oder die Privatisierung staatlicher Unternehmen spricht möglicherweise eine Reihe betriebs- und volkswirtschaftlicher Gründe. Solche Maßnahmen können sich aber als Risiken für Autonomie, Legitimität und Demokratie erweisen.

Unheil droht auch von Nebenwirkungen, mit denen man Naturvereinnahmung riskiert. Bei den meisten industriellen, handwerklichen und händlerischen Tätigkeiten sind Boden, Wasser, Luft und Raum Bestandteil der Kuppelproduktion. Es fehlt das Bewusstsein für den Zusammenhang zwischen Gütern und Ungütern. Ähnlich verhält es sich im Übrigen mit der Wahrnehmung der schrumpfenden Privatsphäre. Die Menschen im gegenwärtigen Digitalzeitalter heißen die Informations- und Kommunikationstechnologie willkommen, nutzen sie weltweit und immer enthusiastischer, verkennen zugleich aber den zu entrichtenden Tribut durch Herausgabe ihrer persönlichen Daten und Taten. Während alle diese Risiken menschengemacht sind, können durchaus auch riskante Entwicklungen eintreten, die – allerdings kaum vorhersehbar – aus der Natur selbst stammen

(Epi- und Pandemien, Vulkanausbrüche, Meteoriten-einschläge) oder Mensch und Natur angelastet werden (Klimaveränderungen).

9

Nah- und Fernwirkungen: Das Lastenteilungsproblem

Wenn Kausalitäts-, Indikations- und Risikoproblem nur unter bestimmten Voraussetzungen und mit unsicheren Annahmen erklärt werden können, hilft eine Art sensitive und sequenzielle Analyse weiter. Sie prüft Ausgangslage und Ausgangsdaten, deren Veränderungen, ihren Einfluss auf Einschätzungen und unterteilt diese in Phasen möglicher Realisierung. Die Frage lautet: Wann ist mit welchen Nah- und Fernwirkungen zu rechnen? Von ihnen hängt es ab, wer die in der Regel belastenden Nebenwirkungen zu tragen hat.

Bei den Hauptwirkungen ist die Nutzenstiftung offensichtlich. Beispiel Autos. Sie transportieren Menschen und Güter, erlauben Mobilität, gewähren Bewegungsfreiheit, verschaffen Prestige, werden gehegt und gepflegt. Autos sind Ausdruck technischen Fortschritts sowie wissenschaftlicher und wirtschaftlicher Stärke. Herstellung, Handel und Gebrauch bieten sehr vielen Menschen Beschäftigung, Einkommen und Vergnügen. Ein hoch willkommenes Produkt sowohl für derzeitige Nutznießer als auch für die nächsten Generationen. Ungezählte andere Produkte verfügen über andere positive Effekte. Erstellung, Verwertung und Verwendung brachten und bringen unermessliche Annehmlichkeiten für das gegenwärtige und zukünftige Leben mit sich.

Doch diesen unbestrittenen Vorzügen wohnen auch Nachteile auf kurze und lange Sicht inne. Gäbe es Outcome-Impact- bzw. Nutzen-Schaden-Jahresabschlüsse, müsste man die laufenden jährlichen externen Wirkungen in einer Ergebnisrechnung ausweisen und für externe Aktiva und Passiva eine Bestandsrechnung aufstellen.

(Für Gliederung und Bewertung solcher Jahresabschlüsse liegt ein theoretisches Konzept vor. Siehe Peter Eichhorn und Joachim Merk, Das Prinzip Wirtschaftlichkeit, Basiswissen der Betriebswirtschaftslehre, 4. Aufl., Wiesbaden 2016. Die Outcome-Impact-Ergebnisrechnung enthält auf der Seite der externen Kosten Beschaffungsrenten für die sieben Produktionsfaktoren Personal, Kapital, Material, Energie, Dienste, Rechte und Natur, Benachteiligungen für Mitarbeiter, Kunden, Lieferanten, Shareholder, Stakeholder und die Allgemeinheit und Belastungen für Boden, Wasser, Luft und Raum. Der Saldo ist ein externer Nettonutzen. Die Seite für externe Nutzen ist analog aufgebaut und setzt sich zusammen aus Absatzrenten für die einzelnen Produkte, Begünstigungen für dieselben obigen Adressaten und Entlastungen für die vier natürlichen Umwelten. Als Saldo erscheinen externe Nettokosten.

Die Outcome-Impact-Bestandsrechnung weist ebenfalls zwei Seiten auf. Sie bestehen aus Humanvermögen als Wert des betrieblich geschaffenen Leistungspotenzials der Mitarbeiter bzw. als externe Forderung des Betriebs gegenüber den Mitarbeitern, Gemeinvermögen als Wert gegenüber gesellschaftlichen Gruppen und der Allgemeinheit und Naturvermögen als Wert gegenüber Boden, Wasser, Luft und Raum. Der Saldo sind externe Nettokosten. Das Pendant bilden auf der Seite für externe Passiva Humanschulden als Wert des betrieblich unterlassenen Leistungspotenzials der Mitarbeiter bzw. als externe Verbindlichkeit des Betriebs gegenüber den Mitarbeitern, Gemeinschulden als Wert gegenüber gesellschaftlichen Gruppen und der Allgemeinheit und Naturschulden als Wert gegenüber den vier natürlichen Umwelten. Als Saldo erscheint ein externer Nettonutzen.)

Vorausgesetzt, es könnten in der Wirtschaftspraxis die von Unternehmen verursachten positiven und negativen externen Effekte während eines Jahres sowie die zum Bilanzstichtag noch harrenden Verpflichtungen externer Aktiva und Passiva ausgewiesen werden, kämen außer Wirkungen im Nahbereich auch Fernwirkungen zum Vorschein.

Typisch für eine Nahwirkung ist Lärm. Von Menschen, Maschinen, Medien oder von der Natur ausgehend, stören übertrieben laute Geräusche. Sie können gesundheitsschädigend sein. Als Grenzwert gelten 75 Dezibel, was etwa der Lautstärke einer Fahrradklingel entspricht. Die bei Lärm entstehenden Schallwellen verebben mit zunehmender Entfernung von der Schallquelle. Auf die Nähe wirkt sich ebenso Gestank aus, wobei die Natur die Geruchsbelästigung früher oder später eindämmt. Eine Art Zeitbombe bilden Lärm- und Sehschutzwälle an Straßen und Schienen aus kontaminiertem Bauschutt, der mit Farben, Bindemitteln usw. verseucht ist und durch Regen ins Grundwasser gespült wird. Dessen Reinigung gelingt zwar in den Wasserwerken, muss aber teuer erkauft werden.

Welche Nah- und Fernwirkungen Pestizide bei der Ackerdüngung auslösen, ist weitgehend unbekannt. Jedenfalls verbreiten sich die Pflanzenschutzmittel durch die Luft weit über die Einsatzorte hinaus – in die Natur, Dörfer und Städte hinein. Um dem einen Riegel vorzuschieben, will man den Anteil des ökologischen Landbaus und anderer Formen nachhaltiger Landwirtschaft hierzulande steigern. Dazu zählen Insekten- und Gewässerschutz, nachhaltige Viehzucht und nachhaltige Ernährung (wobei ein kausaler Zusammenhang zwischen der Ernährung und bestimmten Krankheiten oft nicht belegt ist).

Seit langem fließen Plastikpartikel ins Meer. Sie werden von Fischen aufgenommen und schaden ihnen und den sie verspeisenden Menschen. Auf kurze Distanz soll Elektrosmog schaden. Wissenschaftliche Untersuchungen sind widersprüchlich, auch im Hinblick auf Fernwirkungen. Strahlungen wirken (positiv oder negativ) im Nahbereich, können aber wie bei radioaktiver Strahlung noch viele Generationen behelligen. Übergänge sind hier und wohl auch in anderen Fällen fließend.

Was die aufgeschobenen Verpflichtungen anbelangt – bilanztechnisch bei externen Effekten als externe Forderungen und externe Verbindlichkeiten bezeichnet – würde aus der Outcome-Impact-Bestandsrechnung beispielsweise nicht nur der Beitrag von Unternehmen offenbar zum mitarbeiterfreundlichen Umgang, gesellschaftlichen Gedeihen und ökologischen Wohlergehen einerseits, zur Vorenthaltung von Lohn, zu anderweitiger Ausbeutung, zur mangelnden gesellschaftlichen Verantwortung und zur Belastung natürlicher Lebensgrundlagen andererseits. Vielmehr lösten die verkauften Produkte entsprechend der Dauer ihrer Inanspruchnahme auch nützliche und schädliche externe Effekte aus. Denn Produktion und Produkte, durch ihre Wirkungen mit der Umwelt gekoppelt, hinterlassen Spuren für Jahrzehnte, mitunter sogar für Jahrhunderte.

Mehr im Zeitmaß von menschlicher Lebenszeit und Gesellschaft, weniger in erdgeschichtlichen Perioden, verlaufen momentane Witterungsveränderungen. Erdgeschichtlich beziehen sich Eis- und Wärmezeiten eher auf Jahrtausende, ja Jahrmillionen. Ursachen liegen in Änderungen in der Erdbahn um die Sonne und in der Verschiebung von Kontinenten. Beunruhigend sind die aktuellen Temperatursteigerungen im Vergleich mit der langsamen strukturellen Erderwärmung. Wir wissen nicht, ob der Klimawandel ein Zivilisationsdesaster oder eine Naturkatastrophe beinhaltet. Man muss aber davon ausgehen, dass die menschlichen Aktivitäten die natürlichen Lebensbedingungen beeinflussen.

Das Dilemma, auf kurzfristigen Nutzen und auf Schaden auf weite Sicht hinauszulaufen, zeigt die Verbrennung von Kohle. Als Energiespender war Kohlekraft hochwillkommen. Das daraus resultierende Kohlendioxid mit dem Treibhausgas in der Erdatmosphäre, das den Treibhauseffekt und die globale Erwärmung befördert, wurde ignoriert. Die Kohlenkraftwerke boten „Arbeit und Lohn". Ihr Risiko, abträglich für das aktuelle und künftige Klima in der Region, im Land und auf dem Planeten zu sein, ist in Deutschland erst mit der Energiewende vehement gewahr worden. Jetzt stehen sich Klimaschutz und Ängste vor Strommangel gegenüber. Durch Emissionshandel in der EU, der von den Betreibern von Kraftwerken fordert, für jede Tonne Kohlendioxid ein handelsfähiges Zertifikat zu erwerben, und durch die Ausweitung der Erzeugung von Strom mittels erneuerbarer Energien seitens regenerativer Energieträger soll hier Abhilfe geschaffen werden. Teil dessen ist die stromintensive Umwandlung von Erdgas in Wasserstoff, der sich im bereits bestehenden Erdgasnetz verteilen lässt. Offen sind Fragen der Wirtschaftlichkeit, Rentabilität und der

Speicherung des Kohlendioxids, das bei der Wasserstoff-
herstellung abgespalten wird.

Mit langfristigen Belastungen durch radioaktiven Abfall
müssen gewiss spätere Generationen leben. Obwohl an
der nuklearen Entsorgung und an Suche und Ausbau von
Zwischen- und Endlagern nicht beteiligt, haben die nach-
folgenden Jahrgänge diese Lasten zu bewältigen. Man
kennt diesen generationenübergreifenden Transfer bereits
aus der öffentlichen Haushaltswirtschaft, wenn langfristige
Anleihen in großem Stil aufgelegt und von Zeitgenossen
gezeichnet werden und die steuerfinanzierte Rückzahlung
durch die Nachfahren erfolgt. Der Generationenkonflikt
wird allerdings in beiden Fällen dadurch gemildert, dass
die jetzige Generation schon partiell von den Aktivitäten
profitiert.

In welchen Zeiträumen die Lastenverteilung besonders
massiv auftritt, lässt sich kaum vorhersagen. In der Periode
der Lastenentstehung registrieren die Menschen Gefahren
als unmittelbare Bedrohung. Sobald medizinische Grenzwerte oder technische Emissions- und Immissionsnormen
überschritten werden mit der Folge von Fahrverboten
oder der Stilllegung von Industriebetrieben, kochen
die Diskussionen in der Öffentlichkeit hoch bis hin
zu Demonstrationen. Dass mit dem Schadstoffausstoß
von Stickdioxiden, Kohlenmonoxid, Lachgas und Fein-
partikeln (durch Verbrennung von Dieselöl, Holz oder
Pellets und Gummiabrieb von schweren Vehikeln, neuerdings besonders von batterieelektrischen Fahrzeugen)
Nah- und Fernwirkungen verbunden sind, ist zwar
bekannt. Der Zusammenhang wird aber immer weniger
bewusst wahrgenommen, je weiter entfernt die Wirkungen
auftreten. Ja, für heutige fortschrittsgläubige Menschen
stellen schädliche Spätfolgen, denen man zu gegebener
Zeit womöglich entgegenzuwirken vermag, kaum eine
Bedrohung dar.

Deutlich zeigen sich Gegenwartsbezogenheit und Zukunftsoffenheit im Luftverkehr mit seinen Einwirkungen auf den Klimawandel. Wir nutzen mehr und mehr das sichere, bequeme und zeitsparende Fliegen, obwohl damit jährlich 100 Mio Tonnen klimaschädliches CO_2 emittiert werden. Gemeinsam mit den ebenfalls anfallenden Gasen Methan und Ozon tragen sie zum Treibhauseffekt bei. Negativ auf das Klima sollen auch Kondensstreifen der Flugzeuge und hinterlassene zerfaserte Zirruswolken wirken, weil sie Wärmestrahlung zur Erde zurückwerfen. Die Kondensstreifen halten sich zwar nur einige Stunden am Himmel, wogegen die Kohlenstoffe aber Jahrhundertelang in der Atmosphäre verbleiben.

Zu den Fernwirkungen eine weitere Unsicherheit, die von Chemikalien stammen (übrigens: davon sind mehr als 100.000 registriert). Es besteht der Verdacht, dass manche neurotoxische Substanzen das Gehirn von Kindern oft schon im Mutterleib insofern schädigen, als sie eine funktionstaugliche Verdrahtung der Nervenbahnen verhindern. Vielleicht lässt sich damit die wachsende Zahl von auffälligen Verhaltensweisen wie Hyperaktivitätsstörung (ADHS) und Autismus erklären und eines Tages bekämpfen.

10

Verzicht auf Totalrechnungen

10.1 Viele imponderable Aspekte

Die Wirkungszusammenhänge zwischen Natur und Mensch, genauer: zwischen natürlichen Lebensgrundlagen samt Tier- und Pflanzenwelt, Boden, Wasser, Luft und Raum sowie dem Menschen mit Körper, Geist und Seele samt seiner fünf Sinne, sind so vielfältig und zahlreich, dass sich viele Interdependenzen nicht vermessen lassen. Trotz größter Wissbegierde wird es den Wissenschaften kaum gelingen, die Entwicklungen in der Natur und die neurologische Steuerung des menschlichen Lebens und der Fähigkeiten in den Menschen herauszufinden. Gewiss wird der Ursache-Wirkungs-Konnex von Outcome und Impact mit unsicherem gegenwärtigen oder zukünftigen Nutzenzuwachs oder Schadeneintritt in Teilbereichen ergründet, aber ein Großteil wird uns auch in Zukunft verschlossen bleiben. Zu viele Bedingungen, Annahmen, Standards, Normen, Vereinfachungen, Ungewissheiten,

P. Eichhorn, *Die Outcome-Impact-Methode*, https://doi.org/10.1007/978-3-658-35141-0_10

Unkenntnisse und Fehler, auch Besitzstände und Interessen, enthalten Aspekte, die sich einer vollständigen Zählung und Gesamtrechnung entziehen.

Input, Output und Prozesse dazwischen („Throughput") lassen sich partiell messen und erforderlichenfalls mathematisch und statistisch auswerten. Die nach den angelegten Maßstäben kardinal gemessenen, ordinal gereihten oder nominal klassifizierten Informationen (siehe Kap. 2) erlauben, Entscheidungen in Staat, Gesellschaft und Wirtschaft zu fundieren.

Für externe Effekte wie Nutznießung, Heilung, Wohlfühlen, Gemeinsinn, Ästhetik und Naturschutz oder Schadstoffausstoß, Belästigung, Gefährdung, Unzufriedenheit, Krankheit und Raubbau müssen oft Indikatoren herhalten. Sie vermögen die Sachverhalte aber nur ein Stück weit widerzuspiegeln. Dringt man tiefer ein, stößt man bei den Menschen auf optimistische, pessimistische und vermischte Phänomene, etwa auf Angst, Gier, Genuss, Reue, Courage, Treue, Mitleid, Neid und andere Einstellungen. Sie detailliert und umfassend zu messen, gelingt nicht. Die Begründung dafür ist einfach. Das, was gemessen werden soll, bleibt unklar bzw. kann (noch) nicht eindeutig bestimmt werden.

Fünf unterschiedliche Beispiele skizzieren das Manko beim Messen.

Erstens: In der Psychotechnik, einer Methode der Psychologie, wird herauszufinden versucht, für welche Aufgaben sich Menschen eignen und wie anpassungsfähig sie sich bei neuen Herausforderungen erweisen. Ohne genau zu wissen, was beispielsweise Intelligenz ist, macht man daraus eine scheinbar exakte Messgröße: den Intelligenzquotienten. Eine hohe Kennzahl (möglichst ein IQ weit über 100) besticht beim Anstellen von Personal, seien es Auszubildende, Buchhalter, Chemielaboranten, Damenschneider, Elektrotechniker, Fernmechaniker, Geschäftsführer, Hausmeister oder andere Berufsgruppen.

Zweitens: Mit welchen Wirkungen ist zu rechnen, wenn ein Großprojekt wie beispielsweise eine Industriemesse verwirklicht wird? Bei den Kosten der Messegesellschaft und der teilnehmenden Unternehmen ergeben sich in der Kalkulation zwar Zuordnungsprobleme, um welche Kostenarten es sich handelt, welche Kostenstellen beansprucht werden und welche Kosten welchem Kostenträger anzulasten sind. Im Vergleich zum Erfassen der externen Aus- und Einwirkungen lassen sich diese betriebsinternen Fragen einleuchtend beantworten. Kritische Studien bringen freilich zum Vorschein, dass für Eintrittskarten, Plakate, Broschüren, Werbeblätter, Kataloge und andere Druckerzeugnisse „ganze Wälder" abgeholzt werden müssen und die Sternfahrten und Flüge zum Standort für eine internationale Messe erhebliche Mengen Energie verbrauchen und Schadstoffe verbreiten. Doch werden diese Nachteile in Kauf genommen, weil Innovationen, Kontakte und Aufträge größere Vorteile versprechen.

Drittens: Ungezählt dürften die Untersuchungen sein, die sich dem Zigaretten- und Zigarrenrauchen widmen. Hingewiesen wird auf Beschäftigung und Einkommen in der und rund um die Tabakindustrie, auf die Steuerzahlungen an den Staat und das erzielte Wohlbefinden. Dagegen wird eingewandt, dass das Rauchen zu Lungenkrebs und anderen Krankheiten bei Rauchern und passiv Beteiligten führen kann und zur Verschmutzung von Straßen, Plätzen, Parkanlagen, Bahnhöfen usw. beiträgt. Nicht gemessen werden das ungute Vorbild und die Suchtgefahren für Jugendliche.

Viertens: Zwischen Output einerseits und Outcome und Impact andererseits rührt ebenfalls eine beträchtliche Abweichung – allerdings mit positivem Ergebnis – her, wenn man die Erfindung neuer Leuchtmittel verfolgt.

Die LED-Lichtquellen (abgekürzt von „lichtemittierende Dioden") ersetzen Halogenstrahler und diese wiederum die klassischen Glühbirnen. Für LED-Strahler zahlt man einen relativ hohen Preis, der aber mehr als wettgemacht wird durch höhere Energieeffizienz (in Wohnungen spart man bis zu 80 % Energie), größere Helligkeit, gute Farbwiedergabe der Umgebung, geringere Blendung und hohe Farbtemperatur, was so viel heißt wie ein warmes oder warmweißes Licht, gemessen in Kelvin. Nicht gemessen wird die von den LED-Lampen beanspruchte Gemütlichkeit.

Fünftens: Der kluge Käufer von Lebensmitteln achtet auf deren Menge, Preis und Güte. Bei der Güte tut er sich schwer, weil er schlecht abschätzen kann, was im Produkt steckt und woher es stammt. Beides spielt beim Impact, also seiner Zufriedenheit, eine Rolle. Er möchte regionales und saisonales Gemüse und Obst kaufen. Für die Qualität der Ware hat man sich jetzt endlich zu einer hilfreichen Kennzeichnung (auf freiwilliger Basis der Hersteller) entschlossen. Das in Frankreich entwickelte System Nutri-Score (bedeutet so viel wie „Nährwert-Punktzahl") bezieht neben Zucker, Fett und Salz auch empfehlenswerte Elemente wie Ballaststoffe, Eiweiß oder Anteile an Obst und Gemüse ein. Für die Mengen pro 100 g werden jeweils Punkte vergeben, von der Summe der „negativen" Punkte die „positiven" Punkte abgezogen und ein Gesamtwert in einer fünfstufigen Skala abgebildet: von A auf dunkelgrünem Feld für die günstigste Bilanz über ein gelbes C bis zum roten E für die ungünstigste Alternative. Dieses Scoring-Modell misst also den vermeintlichen Nährwert des Produkts, stößt den Qualitätswettbewerb bei den Herstellern an bzw. verstärkt ihn und beeinflusst die Kaufentscheidung der Konsumenten.

Aus den Beispielen geht hervor, dass man externen Effekten auf verschiedene Weise nachzuspüren vermag.

Für die Einschätzung von Nutzen und Schaden bedarf es spezifischer Maßstäbe und Modellrechnungen. Ihr Nachteil: Es fehlt ein einheitliches Raster, sodass man verschiedene Lebensbereiche nicht miteinander vergleichen kann. Schon das Addieren von fünf Äpfeln und vier Birnen gelingt nicht. Ein gemeinsamer Nenner wäre das Gewicht von Obst. Aber wie zählt man Blumenkohl hinzu?

10.2 Kein gemeinsamer Nenner

Der Siegeszug der kapitalistischen Marktwirtschaft ist auch dem Umstand geschuldet, dass man das Geld als gemeinsamen Nenner heranziehen kann. Mit unvergleichbaren Mengenvorgaben musste und muss Planwirtschaft scheitern. Ohne Geldbeträge lassen sich die Rentabilität eines Unternehmens oder die Rendite einer Investition (ausgedrückt im Verhältnis von Kapitaleinsatz zu Gewinn) nicht beurteilen, ebenso wenig die Wertschöpfung in einem Unternehmen oder in der Volkswirtschaft (als Summe der entstandenen Erwerbs- und Vermögenseinkommen), das Sozialprodukt einer Volkswirtschaft (als Summe der in einer Periode erzeugten Sachgüter und Dienstleistungen) und die Zahlungsbilanz (als Aufzeichnung aller in einer Periode zwischen In- und Ausländern durchgeführten wirtschaftlichen Transaktionen) und ihre Untergliederungen in Leistungs- und Handelsbilanzen.

Wenn Geldbeträge nicht zur Verfügung stehen bzw. mit ihnen nicht gerechnet werden kann, wird dennoch versucht, Ereignisse und ihre Folgen zu monetarisieren. Beispiele bilden Entschädigungen, Finderlohn, Prämien für Arbeitnehmererfindungen und betriebliche Verbesserungsvorschläge, Schmerzensgeld, Invaliditätsrenten, andere

Versicherungsleistungen, Ausgleichszahlungen, Bußgelder usw. Auch bei illegalen Machenschaften wie Bestechung, Korruption oder Hehlerei und bei heimlichen Zahlungen in der Schattenwirtschaft werden vorteilhafter Outcome und Impact oder nachteilige Emissionen und Immissionen mit Geld aufgewogen.

In dieses monetäre Äquivalent gehen hauptsächlich Erfahrungswerte, Vergleichszahlen, Erwartungen, Wiedergutmachungen, Abfindungen, haftungsrechtliche Vorgaben und Verantwortlichkeiten ein. Man bemisst die Geldbeträge nach einem inneren Wertegerüst oder vorgegebenen Normenkatalog für die zu behandelnde Sache.

Was geschieht aber mit den durch die wirtschaftlichen Aktivitäten außerhalb von Marktvorgängen ausgelösten sonstigen Wirkungen? Hier stößt die Monetarisierung an Grenzen. Das grundlegende Problem: Alles besitzt einen Wert oder Unwert, nicht alles verfügt jedoch über einen Preis. In den Wirtschaftswissenschaften wird sich zwar darum bemüht, externe Effekte zu bepreisen – etwa mittels des erwähnten Zahlungsbereitschaftsansatzes – , viele Aus- und Einwirkungen entziehen sich aber der Bewertung in entgeltlicher Form. Je mehr Gesundheit, Gefühlswelt, kulturelle, gesellschaftliche, staatliche, ökologische und andere außerwirtschaftliche Bedürfnisse beeinflusst werden, desto unergiebiger und fehlleitender dürften sich Geldbeträge erweisen.

Es fehlt ein gemeinsamer Nenner, der externe Effekte zu konkretisieren und zu evaluieren hilft. Fragestellungen lauten: Welchen Nutzen stiften Produkte, Dienste, Maßnahmen oder Ereignisse und welche Schäden sind zu verkraften? Wer wird wie davon betroffen? Wann und wo ist mit Wirkungen zu rechnen? Der einzelne Mensch wird entsprechend seinen Präferenzen einfache Alternativen vergleichen, zusätzliche Optionen einbeziehen und auswählen. Wird bei einer Kaufentscheidung mehr auf

Quantität oder Qualität geachtet? Welche Rolle spielt der Preis? Zieht man einen sicheren und kostspieligen einem weniger geschützten und billigeren Laptop vor? Wird eine schnelle Flugreise (mit fossilen Brennstoffen) oder eine langsame Zugreise (mit erneuerbarer Energie) bevorzugt? Hat eine genügsame oder eine aufwendige, aber hektische Lebensweise Vorrang?

Soweit überhaupt ein Preis vorliegt, ist er vielleicht maßgebend, häufig aber nicht ausschlaggebend. Entscheidend ist der der Person innewohnende Kompass für Selbstverwirklichung mitsamt gesellschaftlicher Anerkennung und beherzigter ökologischer Konsequenz. Für die Selbstverwirklichung sind Preise, allgemeiner: die Finanzen, eine bedeutende Koordinate. Im Unterschied zu einer Tauschwirtschaft regelt sie in der Geldwirtschaft einen Großteil an Transaktionen. Diese stützen sich auf das Recht als einen weiteren partiellen Nenner.

> Ein Beispiel: Eine Stadt dringt auf Verdichtung der Bebauung im Zentrum. Ein Investor kauft ein Grundstück (Output) zum Schließen einer Baulücke und zur Errichtung und Vermietung eines Geschäftshauses (Outcome). Es entsteht ein überdimensioniertes Bauwerk, für Nachbarn, Bürgerschaft und Touristen eine ästhetische Bausünde (Impact), die freilich städtisch genehmigt worden ist. Die Ansichten über diese Bebauung gehen weit auseinander. Sie sind interessengeleitet seitens beteiligter Personen und Institutionen. Die Triade „Selbstverwirklichung, Preise und Recht" lässt sich nicht über einen Leisten schlagen, mathematisch schon gar nicht optimieren.

Die Bausünde – und jede Stadt weist welche davon auf – prägt die Bewohner ein Leben lang und auch Generationen, je nach Lebensdauer der Gebäude. Was aber passiert mit gegenwärtigen Aktivitäten, die Langzeitwirkungen entfalten, unter Umständen von erdgeschichtlichem Ausmaß sind? Kann eventuell doch ein gemeinsamer Nenner gefunden werden, etwa Nachhaltigkeit? Das Konzept der Sustainability wurde auf der Konferenz der vereinten Nationen über Umwelt und Entwicklung 1992 in Rio de Janeiro verabschiedet (und muss noch in zahlreichen Staaten ratifiziert werden). Danach wird eine nachhaltige Entwicklung erreicht durch

- Nutzung der Natur im Rahmen ihrer Erneuerungsfähigkeit,
- Beschränkung von Schadstoffen im Rahmen der Absorptionsfähigkeit der Umwelt,
- Übernahme von technischen Risiken, soweit diese kalkulierbar und versicherbar sind und durch
- sparsamen Verbrauch natürlicher Ressourcen.

Diese Umweltziele bedürfen allerdings der Präzisierung und – noch schwieriger – sie stehen teilweise im Konflikt mit Wachstums-, Mobilitäts-, Wettbewerbs- und Fortschrittszielen. Allgemein akzeptabel dürfte die Auffassung sein, dass das kostbare Gut Natur unseren Nachfahren erhalten bleiben und teurer werden muss. Der Preis sollte Ausdruck der Belastung sein. Nur: Nutzen und Schaden zu indizieren, noch dazu auf unbegrenzte Weise, ist unmöglich (wie schon dargelegt). Man kann bestenfalls einzelne Wirkungszusammenhänge verfolgen und ergründen. Definitive Relationen wird man nicht eindeutig feststellen können. Zu komplexe Ausgangslagen und Verursacher, technologische Imponderabilien und vielfältige Kuppeleffekte stehen dagegen. Deshalb hat man sich mit Einzelaspekten bzw. Einzelanalysen zu bescheiden.

Nachhaltigkeit taugt als Bezugspunkt für die natürlichen Lebensgrundlagen, für Menschen und Sachen hingegen wohl kaum. Da viele externe Effekte sich als unwägbar herausstellen und eine Bepreisung ausscheidet, muss man für Vergleiche, Beurteilung und Bevorzugung einen anderen gemeinsamen Nenner suchen. Bei Menschen könnte es die Lebenserwartung, bei Sachen die Werterhaltung sein. Beide sind nicht frei von Herausforderungen.

Die Lebenserwartung als Maß für das Wohl von Menschen ist insofern zwiespältig, als manche kranke, leidende, enttäuschte, sich quälende, behinderte, gestresste, finanziell angeschlagene oder angeprangerte Personen das Leben eher als Zumutung und seine Länge als belastend empfinden. Trotzdem werden alle Anstrengungen unternommen, das Leben als lebenswert auszurichten. Positive Aus- und Einwirkungen erhofft man sich bei Gewährleistung und Schutz der Grund-, Menschen- und Freiheitsrechte, bei der Bekämpfung von Krankheiten, Kriminalität, Krisen, Katastrophen und Krieg. Staat, Gesellschaft und Bürger sind bestrebt, der Armut, Verwahrlosung, Unwissenheit und Unfähigkeit Einhalt zu gebieten. Letzten Endes wollen und sollen die Menschen ein willkommenes Dasein führen können.

Vergleiche erlauben Schwachstellen zu identifizieren, die durch Geschlecht, Abstammung, Sprache, Heimat, Herkunft, Glauben, religiöse oder politische Anschauungen (wie Art. 3 Abs. 3 Grundgesetz es formuliert) bedingt sind. Wo und wann die Lebenserwartung wie eingeschränkt ist, wird mittels Wirkungsanalysen offenbar. Bildung, Erziehung, Ernährung, berufliche, sportliche, kulturelle und ehrenamtliche Tätigkeiten sowie Rechtsschutz, Garantien, Gesundheitsförderung, Sozialhilfe und Subventionen von staatlicher Seite tragen zur Lebensdauer bei. Auf die statistisch ermittelte Lebenserwartung bezogen lässt sich feststellen, in welchen Ländern oder Regionen das Leben der Menschen mehr oder weniger langdauernd verläuft.

Ein dritter gemeinsamer Nenner – gemeinsam im Hinblick auf abzuschätzende externe Effekte von Sachen – stellt deren Werterhaltung dar. Der Wert kann materiell oder ideell vorhanden, objektiv oder subjektiv begründet sein. Er mag mit einem Kauf, einer Schenkung oder Erbschaft zusammenhängen und eine Immobilie oder bewegliche Sache verkörpern. Ein bleibender Wert kann gegebenenfalls monetär erfasst werden, dann handelt es sich um eine anvisierte (nominelle oder reale) Kapitalerhaltung. Ansonsten liegt eine Substanzerhaltung vor, das heißt eine Werterhaltung, die vom technischen Fortschritt und volkswirtschaftlichen Wachstum unberührt bleibt und dem nostalgischen Erinnerungsvermögen geschuldet ist. Wie die Werterhaltung bewerkstelligt wird, hängt teilweise von finanziellen Bedingungen ab, teilweise aber auch von schlichter Verwahrung. Sind Finanzen im Spiel, kommen Preise und damit Geldbeträge in Betracht.

Halten wir fest: Bei Nachhaltigkeit, Lebenserwartung und Werterhaltung stellen sich wissenswerte Fragen. Fördern oder gefährden Handlungsweisen und Erzeugnisse diese Zielsetzungen und die jeweiligen gemeinsamen Nenner für Umwelt, Menschen und Sachen? Wenn ja, wie, wann und wo treten die externen Effekte auf? Wodurch sind sie verursacht? Für Antworten können viele Einzelheiten ermittelt, mit Hypothesen versehen, modelliert (d. h. der Realität vereinfacht nachgebildet) und verrechnet werden. Den Klimawandel sucht man mit mutmaßlich lang- und kurzfristigen Witterungsverläufen auf Kontinenten, Meeren, Küstenstreifen und anderen Regionen zu erfassen. Schadstoffe werden in ihrer toxischen Wirkung auf die Natur untersucht. Vom Aussterben bedrohte Tiere und Pflanzen und besorgniserregende Berichte über Trockenheit, Waldzustand, Raubbau und Versiegelung von Flächen lassen aufhorchen. Statistiken über die durchschnittliche Zeitspanne, die den Menschen ab einem bestimmten Zeitpunkt bis zum Tod verbleibt, informieren über Lebenserwartung. In diesem Kontext werden vollwertige Ernährung, Ergonomie von Arbeitsplätzen, Frühinvalidität, Leistungen der gesetzlichen Sozialversicherungen, Arzneimittel für Therapien, Standorte für radioaktive Abfälle, sogar die Krankheitsrisiken von Anrainern stark genutzter Ausfallstraßen analysiert. Gesundheitliche Grenzwerte dienen dazu, Gefährdungen, Unfälle, Krankheiten und Todesfälle zu vermeiden. Entsprechende Be- und Entlastungsrechnungen werden vorgenommen. Die Werterhaltung bei Sachen ist Ingenieuren und Finanzleuten nicht fremd. Sie eruieren beispielsweise zum einen Erosionen und Korrosionen, zum andern Marktpreise und Abschreibungen.

10.3 Fraglicher Kalkulationszinssatz

Angenommen, es lassen sich externe Effekte positiver und negativer Art mengen- und wertmäßig erfassen. Dann befinden wir uns im Bereich von dynamischen Rechenverfahren und Prognoserechnungen. Sie unterscheiden sich von statischen Rechenverfahren durch Berücksichtigung längerer Zeiträume, in denen tatsächliche und fiktive Aus- und Einzahlungen zeitlich unterschiedlich anfallen, etwa zunächst für Investitionen für ein Miethaus (Input), dann Mietzinserlöse (Output), später Wertsteigerung des Anwesens als Folge einer Straßenverkehrsberuhigung (Outcome) und Nutzenschätzung in Form einer Absatzrente (Impact). Die sich auf mehrere Perioden verteilenden Geldbeträge müssen auf einen gemeinsamen Zeitpunkt ab- oder aufgezinst werden, um den kaufmännischen Gewinn und den extern bewirkten Nettonutzen feststellen zu können. Das besorgt der Kalkulationszinssatz.

Dabei können zwei Rechenmethoden zum Einsatz kommen: Entweder wählt man Investitions- bzw. Maßnahmenanfang (Barwertmethode) oder deren Wert am Ende der Nutzungsdauer (Endwertmethode). Bei der Barwertmethode werden die Geldbeträge auf den gemeinsamen Bezugspunkt abgezinst (diskontiert). Vorteilhaft ist eine Aktivität, wenn der Barwert größer oder gleich Null ist. Unter mehreren Alternativen ist die mit dem größten Barwert am relativ günstigsten. In der Endwertmethode wird für jede Periode ein spezifischer Zinssatz (Aufzinsungsfaktor genannt) festgelegt. Vorteilhaft sind Aktivitäten, wenn der Endwert einen Wert größer als Null erreicht. Der Endwert bei einer Nutzen-Schaden-Analyse ist dann der Nettonutzen, den ein Investor oder Initiator am Ende der Nutzungsdauer erwarten kann. Im Alternativenvergleich wird die Aktivität realisiert, die den höchsten Endwert ausweist.

Auf kurze Sicht, etwa wenige Jahre, wird man den Diskontierungssatz in Höhe gegenwärtiger Gegebenheiten festlegen. Hier dürften Schätzwerte der Deutschen Bundesbank auf Basis der Entwicklung des Rentenmarktes oder Zinssätze für Bundesanleihen, Bundesobligationen und Bundesschatzanweisungen herangezogen werden. Schwieriger wird es, mittelfristige Aus- und Einwirkungen mit einem Zinssatz zu begleiten und auf einen Zeitpunkt zu beziehen. Für externe Effekte bei Sachen, etwa während der Nutzungsdauer von Fahrzeugen, hat man noch Erfahrungswerte. Langzeitanalysen von ökologischen Wirkungen über Generationen hinweg genügen dagegen vielleicht theoretischen Ansprüchen, helfen aber keine momentanen Outcome-Impact-Probleme zu lösen.

Je weiter man die Ziele spannt, im Falle der Nachhaltigkeit auf ewige Dauer, beim menschlichen Leben auf drei bis vier Generationen mit insgesamt rund 100 Jahren, desto fragwürdiger wird die Zinssatzrechnung. Die Zeitverläufe der externen Effekte muss man wohl anders einfangen. Die Klimaforscher konzentrieren sich auf sog. Kipp-Punkte. Sie werden erreicht, wenn ein Prozess in Gang kommt, der sich nicht mehr stoppen lässt (engl. Point of no Return). Bakterienbelastete Blaualgen nehmen überhand und Gewässer kippen, weil Sauerstoff fehlt, es kommt in Kernkraftwerken zur Kettenreaktion bei Reaktorstäben (Nuklearkatastrophen von Tschernobyl 1986 in der Ukraine und Fukushima 2011 in Japan mit Folgen für Gesundheit und Umwelt). Dementsprechend ist es der Outcome-Impact-Methode aufgegeben herauszufinden, wann Schäden eintreten, sich häufen und wie schnell sie sich verbreiten. Seuchen, Epidemien und Coronavirus-Pandemie der Jahre 2020 ff. sind ein abschreckendes Paradebeispiel zum Studium der Multiplikatoreffekte.

Bei der Analyse externer Effekte bietet sich manchmal ein „Zeitfenster" an. Das bedeutet, dass für eine kurze Dauer Möglichkeiten existieren, um zu handeln. Angewandt auf Nachhaltigkeit, Lebenserwartung und Werterhaltung empfiehlt sich, das „Zeitfenster" zu nutzen – sowohl im individuellen als auch im institutionellen Bereich. Unsere fortgeschrittenen Erkenntnisse über Entstehen und Vergehen in der Natur, Art und Weise zu leben und über Produktionsprozesse und Produkte sollten uns ermuntern, jetzt tätig zu werden und nicht bis zum „Sankt-Nimmerleins-Tag" zu warten. Auch haben wir eine Menge zu ökologischen Ungleichgewichten beigetragen, und viele Altlasten harren der Endlagerung (unter anderem Atommüll) und Entsorgung (kontaminierte Böden).

Es ist auch an der Zeit, sog. sekundäre Rohstoffe durch Wiederaufbereitung zu erlangen, überhaupt auf breiter

Front Kreislaufwirtschaft zu betreiben. Mit ihr gelingt es, Zeit zu gewinnen, um Kipp-Punkte hinauszuschieben oder sie zu vermeiden. Adressaten unserer Betätigung sind vor allem wir selbst, ferner die sich sorgenden Vereinigungen in der Gesellschaft und die politischen Instanzen und Politiker. Gerade letztere sind in der Demokratie prädestiniert, mehrheitliche Entscheidungen über das Wohl der Menschen zu treffen. Die langfristigen Zukunftsaspekte erweisen sich bei ihnen aber meist als zweitrangig. Zu sehr beschäftigen sich die für vier oder fünf Jahre gewählten Abgeordneten mit ihrer Mandatszeit. Auch fehlt bei ihnen und ihren Wählern das Denken und Handeln auf weite Sicht über das eigene Dasein hinaus.

Kehren wir zum Kalkulationszinssatz zurück. Mit ihm gelingt es, die monetarisierten externen Effekte zu beurteilen. Die Aussagen sind allerdings nicht unproblematisch, denn das beeindruckende finanzmathematische Ergebnis beruht auf mehreren Voraussetzungen. Abgesehen von der Zinssatzhöhe müssen die Aus- und Einwirkungen erfasst und in Geldbeträge transformiert werden. Was ist einem ein gutes Klima für sich und Nachkommen wert? Wieviel bin ich (fiktiv) zu zahlen bereit, damit der böse Nachbar umzieht? Welchen Wert verkörpert für mich und andere ein Ensemble denkmalgeschützter Häuser? Die Antworten auf diese Fragen hängen von der Stärke, Häufigkeit, Dauer und Periode des Geschehens ab. Sie sind von Person zu Person unterschiedlich. Einfluss nehmen dessen Bildung, Einstellungen, Verhaltensweisen, Alter, Familienstand und Finanzsituation. Pauschale Antworten – sonst bei statistischen Erhebungen erwünscht – führen hier nicht weiter. Zur Beantwortung der auf Natur, Menschen und Sachen ausgerichteten Fragen muss man das kulturelle Verständnis und die Sozialisation der Menschen freilegen. Für jeden der drei

Bereiche wird man unterschiedliche Bewertungsmaßstäbe feststellen.

Die Outcome-Impact-Methode kann deshalb nicht als naturwissenschaftlich exaktes Verfahren eingesetzt werden. Sie mag auf fundierten Erkenntnissen, Prinzipien und Regeln bestehen, doch sind ihre Annahmen und Tendenzen oft vage. Die Methode entzieht sich in manchen Teilen der Verrechnung. Stattdessen muss man sich mit plausiblen Schätzungen begnügen.

10.4 Fazit: Bewusstsein stärken!

Trotz zahlreicher Einschränkungen hat die Outcome-Impact-Methode etwas Gutes. Sie offenbart – wenn auch nicht in Form einer Totalrechnung – positive und negative externe Effekte. Gestützt auf einzelne Wirkungsanalysen in Form von nutzenstiftenden Ökolandbauberichten, Aufforstungsprojekten, Statistiken und Prognosen über bessere Gesundheitsvorsorge, Wasserversorgung, Abwasserklärung und Abfallentsorgung, geringere Säuglingssterblichkeit, vermehrte gewonnene Lebensjahre, Wohlfühlindikatoren und kreative Neuerungen, aber auch in Form von Aufzeichnungen über Schadstoffausstoß und Naturbelastung, Bodenversiegelung, risikobehaftete Flächennutzung, Gesundheitsgefährdung, Unfallhäufigkeit, Kriminalität usw. lassen sich Entwicklungen der natürlichen Lebensgrundlagen, des Gesundheitsschutzes und der Sicherheit der Bevölkerung und bei der Erhaltung der Bauwerke, Maschinen, Fahrzeuge und anderer Sachen aufschlüsseln.

Mit der Outcome-Impact-Methode werden nicht nur wesentliche, oft sogar lebenswichtige Aus- und Einwirkungen abgeschätzt, sondern sie erlaubt auch die

Gründe und Umstände von Veränderungen freizulegen.
Man erfährt zum Beispiel über die derzeit die Weltbe-
völkerung heimsuchenden Herausforderungen Globali-
sierung, Terrorismus, Flüchtlingsströme, Digitalisierung,
Klimawandel und Pandemie. Informationen und Transparenz liefert die Analysemethode auch für nationale,
regionale und lokale oder für gewerbliche, freiberuf-
liche, gemeinnützige und staatliche Vorgänge. Es werden
sowohl Quantitäten als auch Qualitäten erfasst und vielfältige Einflussfaktoren, nämlich Promotoren, Resistenzen,
Resistanzen, Täter und Opfer evident.

> Wählen wir ein Beispiel aus, das ein Querschnittsthema
> beinhaltet und sich auf Globalisierung, Klimawandel,
> Profiteure und Leidtragende erstreckt: den Nahrungs-
> mittelmarkt, genauer: das Angebot tierischer Lebensmittel.
> Gern wird konventionell produziertes Hackfleisch preis-
> wert gekauft und verzehrt. Die Preise decken in der Wett-
> bewerbswirtschaft Produktions- und Handelskosten und
> Unternehmensgewinne ab, nicht aber ökologische Folge-
> kosten. Sie umfassen bei Aufzucht und Haltung der Tiere
> vor allem Treibhausgasemissionen, reaktive Stickstofffrei-
> setzungen und Grundwasserverschmutzung durch Über-
> düngung. Für diese Kosten kommt mehr oder weniger
> unbemerkt die Allgemeinheit auf. Welche globalen und
> gesundheitlichen Einwirkungen daraus erwachsen, lässt
> sich (noch) nicht exakt messen. In den Einzelrechnungen
> werden Annahmen unterstellt und Wahrscheinlichkeiten
> eingesetzt. Was man aber ahnt: Diese Immissionen üben
> auf Natur und Menschen abträglichen Einfluss aus.

Im Folgenden zwei Beispiele für Nutzenstiftung. Erstens:
Bildungsromane, Kunstwerke oder Laborergebnisse
werden gekauft (Output). Autoren, Künstler und Forscher
informieren instruktiv über ihre Leistungen (Outcome).
Die Rezipienten erfahren über den Marktpreis hinaus ein
Bildungserlebnis, eine Bereicherung, ein Hochgefühl, eine

Bestätigung, eine Erfüllung, eine Stärkung, einen Wissensvorsprung (Impact). Zweitens: Ein Industriebetrieb bepflanzt sein unbebautes Grundstück, bietet seinen Mitarbeitern erholsames Verweilen in den Arbeitspausen an, verschönt das Gelände zur Freude der Nachbarn und tut Gutes für saubere und sauerstoffhaltige Luft.

Der Wert solcher positiven Aktionen einerseits, Belastungen von Natur und Menschen andererseits, wird meist nur am Rande – wenn überhaupt – zur Kenntnis genommen. Die positiven externen Effekte gelten als selbstverständlich und die negativen Effekte werden verdrängt. Wir müssen uns dieser Wirkungen bewusst werden! Beim Einsatz von Ressourcen unterscheidet man immerhin schon zwischen regenerativen und nicht erneuerbaren Ressourcen. Damit wird der Blick gelenkt auf deren dauerhafte und sichere Nutzbarkeit, statt wie bisher auf ihren Verbrauch. Dasselbe Verständnis muss auf der Outcome-Impact-Seite wachsen. Wir sollten lernen, dass das Herstellen von Gütern und das Leisten von Diensten stets mit externen Effekten für Mensch und Natur verbunden sind. Es ist gedankenlos, unseren Wohlstand nur in barer Münze zu messen, neuerdings noch dazu im Wirkmechanismus globaler Arbeitsteilung und globaler Lieferketten. Mehr noch: Teile des Wohlstands der Menschen kommen auf Kosten der Natur zustande. Den kaufmännischen Gewinnen stehen Verluste an biologischer Vielfalt und die Zunahme von Altlasten, Wasserstress und Unwetter gegenüber. Während die Gewinne realisiert und verbucht werden, lassen sich die biologischen einschließlich der ökologischen Verluste nicht eindeutig verrechnen, sondern beruhen auf Vermutungen, die allerdings besorgniserregend sind.

Um es deutlich zu sagen: Bei den meisten Zeitgenossen fehlt – übrigens wie beim Datenschutz – das Bewusstsein für wichtige Wirkungen ihres Tuns. Anders ausgedrückt: Es mangelt ihnen an Sensibilität für drohendes Ungemach. Unser Gesellschafts- und Wirtschaftssystem ist so auf Versorgung und Überfluss eingestellt, dass man Widersprüchlichkeiten kaum hinterfragt, eher bemüht ist, Komfort und Sicherheit zu fordern, Versicherungen abzuschließen, Gewährleistungen und Rechtsbehelfe zu beanspruchen und anderes mehr.

Die Outcome-Impact-Methode reizt zur genaueren Abwägung, ja, zur stimmigen Bilanzierung von Input und Output und deren nicht über den Markt sich vollziehenden Wirkungen. Physische und psychische Umweltbelastungen bestehen zwar, werden aber vom Einzelnen weniger auf sich selbst bezogen, sondern auf die Anderen. Man arrangiert sich mit der kaum registrierten Misere, will ansonsten aber sein Verhalten nicht ändern. Vielleicht doch ein wenig, indem man als privater Haushalt Lebensmittel aus der Region einkauft, um heimische Bauern und Händler zu unterstützen, hiesige saisonale Lebensmittel zu fördern und weite Entfernungen mit schadstoffreichen Verkehrsmitteln zu verhindern. Man wendet sich an Onlineshops, die einen CO_2-neutralen (d. h. klimaneutralen) Einkauf propagieren. Und man beteiligt sich an umweltverträglicheren Carsharing-Transportdiensten oder fährt Rad. Der Abfall wird sauber getrennt nach Papier, Kunststoff, Glas und Metall. Doch Skepsis ist angebracht, ob dieses Verhalten ökologischen Erfolg verspricht. Im Hinblick auf die bislang erfahrene Kuppelproduktion zwischen Gütern und Umwelt folgt man doch besser der Formel des deutschen Umweltbundesamtes: *„Vermeiden vor Reduzieren vor Kompensieren!"* Vermeiden – noch drastischer: Verzicht – erspart Ohnmacht, Enttäuschung und Entmutigung, je nachdem auch (z. B. Atommüll-/Klima-)Ängste. Ob sie dazu führen, dass Betroffene sich umweltfreundlicher verhalten oder in ihrer Sorge etwa um die Folgen der Altlasten, Neulasten oder Erderwärmung erlahmen, ist (noch) nicht erforscht.

Jedenfalls muss ins Bewusstsein dringen, dass das Leben von Menschen, Tieren und Pflanzen und selbst der unbelebten Natur voneinander abhängen, mit anderen Worten: im komplexen Netzwerk der Schöpfung alles mit allem zusammenhängt. Auch die derzeitigen Erdbewohner mit den folgenden Generationen! Es ist Sache jedes einzelnen Menschen, jeder Gesellschaft und von allen Wirtschaftssystemen, Staaten und Staatsbündnissen, die natürlichen Lebensgrundlagen für die künftigen Generationen zu schützen. Die Diskussionen mit Klimaleugnern erweisen sich als mühsam, solange man nicht weiß, ob der Klimawandel menschengemacht ist oder an erdgeschichtlichen Entwicklungen liegt. Man gerät aber nicht ins Abseits, wenn man ihn als Zivilisationsfolge begreift und entsprechende Gegenmaßnahmen ergreift. Die Outcome-Impact-Methode lehrt, erst muss man sich die Wirkungszusammenhänge bewusstmachen und sich dann an die natürlichen Bedingungen anpassen, anders gesagt: das Erfolgsrezept der Evolution einhalten.

The manufacturer's authorised representative in the EU is Springer
Nature Customer Service Centre GmbH, Europaplatz 3, 69115 Heidelberg,
Germany. If you have any concerns regarding our products, please
contact ProductSafety@springernature.com

Printed and bound by CPI Group (UK) Ltd, Croydon, CR0 4YY
24/04/2026
02096345-0001